辛弃疾词传

钟铭钧 著

天津社会科学院建院四十周年精品文库

天津社会科学院出版社

图书在版编目（CIP）数据

辛弃疾词传 / 钟铭钧著. -- 天津 : 天津社会科学院出版社，2019.9

（天津社会科学院建院四十周年精品文库 / 靳方华主编）

ISBN 978-7-5563-0575-9

Ⅰ. ①辛… Ⅱ. ①钟… Ⅲ. ①辛弃疾（1140-1207）—传记②辛弃疾（1140-1207）—宋词—诗歌欣赏 Ⅳ. ①K825.6②I207.23

中国版本图书馆 CIP 数据核字(2019)第 208877 号

辛弃疾词传
XIN QIJI CIZHUAN

出版发行：天津社会科学院出版社
出 版 人：张博
地　　址：天津市南开区迎水道 7 号
邮　　编：300191
电话/传真：（022）23360165（总编室）
　　　　　（022）23075303（发行科）
网　　址：www.tass-tj.org.cn
印　　刷：天津午阳印刷股份有限公司

开　　本：880×1230　毫米　1/32
印　　张：8
字　　数：140千字
版　　次：2019 年 9 月第 1 版　2019 年 9 月第 1 次印刷
定　　价：78.00 元

总 序

《天津社会科学院建院四十周年精品文库》收录了天津社会科学院建院以来的部分精品学术著作和研究成果，即将陆续付梓。该文库的出版是天津社会科学院建院40年来优秀科研成果的集中展示，是对40年来不懈奋斗的领导和学者们的诚挚敬意，也是对当今接续奋斗的社科院人的热忱激励。作为天津市规模最大、门类最全的哲学社会科学专业研究机构，40年来，天津社会科学院在众多学科涌现了杨柳桥、吕万和、卞慧新、黎干、孙振、王昌定、王辉、温克勤、罗澍伟、潘允康、周路、包永江、荣长海、张景荣等一大批国内外知名的专家学者，在哲学伦理学、法学理论、历史文化、经济社会等诸多领域贡献了一大批思想深邃、引领学界的研究成果，为繁荣发展中国哲学社会科学做出了突出贡献。借撰写文库序言的机会，谈几点感受。

我们正处在繁荣发展哲学社会科学的新时代。习近平总书记指出，当代中国正经历着我国历史上最为广泛而深刻的社会变革，也正在进行着人类历史上最为宏大而独特的实践创新。这种前无古人的伟大实践，必将给理论创造、学术繁荣提供强大动力和广阔空间。这是一个需要理论而且一定能够产生理论的时代，这是一个需要思想而且一定能够产生思想的时代。改革开放以来，中国共产党团结带领全国各族人民开辟了中国特色社会主义道路，在理论、制度和文化上，形成一系列创新的思想理论、发展理念和实践方略，为人类文明做出了突出贡献。天津社会科学院的发展伴随着改革开放的历史进程，从建院以来的初创奠基、探索前进、改革发展到如今的创新竞进，从站上新起点到迈入新时代，40 年风雨同舟，40 年披荆斩棘，40 年砥砺奋进，全体社会科学工作者用忠诚、担当绘就了一幅气势恢宏的历史画卷，谱写了一曲不问浮华的奋斗赞歌。新时代，新召唤，哲学社会科学正面临着空前丰富的素材与题材、空前复杂的命题与试题、空前广阔的机遇与空间，时代是出卷人，人民是阅卷人，我们是答卷人，在这个繁荣发展哲学社会科学的新时代，只有坚持以习近平新时代中国特色社会主义思想为指导，聆听新时代的声音，立足新时代的特点，回应新时代的呼唤，认真研究解决重大而紧迫的问题，才能真正把握住历史脉络、找到发展规律，推动理论创新，推进咨政建言，提升服务社会的品质。

新时代的哲学社会科学必须毫不动摇地坚持以马克思主义为指导。当今世界，各种思想观念、思维方式、意识形态的交流和碰撞越来越频繁、越来越激烈，给意识形态带来许多新问题、新挑战。以什么样的世界观、方法论来审视世界、引领未来，是哲学社会科学的根源问题。马克思主义是科学的思想体系，是人类思想史上最重要的成果，它揭示了人类社会发展的本质和规律，是科学的世界观和方法论，是我们认识世界、改造世界的强大思想武器。我国革命、建设和改革实践反复证明：中国特色社会主义需要马克思主义，坚持以发展着的马克思主义为指导，是我们事业沿着正确方向胜利前进的根本保证。当今中国，坚持马克思主义就是要不断深入学习贯彻习近平新时代中国特色社会主义思想。建设具有中国特色、中国风格、中国气派的哲学社会科学，必须坚持马克思主义指导地位，运用马克思主义观察时代、解读时代、引领时代，真正搞懂面临的时代课题。坚持马克思主义指导地位，需要不断推进实践基础上的理论创新，及时回答时代之问、人民之问，不断开辟马克思主义发展新境界；需要我们用马克思主义的思想武器，提升文化"软实力"和社会主义核心价值观体系建设，用强大的思想武器构筑意识形态领域的钢铁长城；需要我们加强主流意识形态的吸引力、凝聚力，提高主流意识形态的控制力和引导力，同新自由主义、历史虚无主义等各类不良社会思潮和意识形态领域的敌对势力做斗争。

哲学社会科学研究应该“以人民为中心”。与时代同步伐，与人民共命运，关注和回答人民需要的问题，是社会科学工作的生机与活力所在。“大学之道，在明明德，在亲民，在止于至善。”中国特色社会主义的成功经验蕴含着人民群众丰富实践创造的宝贵经验，为理论工作者的学术创新提供了丰厚土壤和研究样本。以人民为中心，需要我们“引时代明德、为人民立言”，牢固树立为人民做学问的思想，切实承担起以文化人、以文育人、以文培元的重要使命；需要我们认真汲取优秀历史文化中的合理元素，挖掘阐释其中符合时代精神、具有普遍意义的思想精华，为振兴中国学术尽心尽力；需要我们坚持理论与实践相结合，坚持问题导向，善于从实践中提炼经验做法，善于运用哲学观点和社会理论，回答和解决当前面临的矛盾和问题；需要我们唱响主旋律，凝聚正能量，不断巩固人民群众团结奋斗的共同思想基础；需要我们坚持从国家和区域发展的实际出发，聚焦高质量发展要求，努力在中华民族伟大复兴和“五个现代化天津”建设中，服务大局，展现作为；需要我们坚持平实务实，聚焦人民群众所思所想所盼，用通俗易懂的语言，有针对性地解疑释惑，积极回应群众关切，推进马克思主义思想大众化，始终贯彻理论创新“来自人民、为了人民、贴近人民”的鲜明品格。

哲学社会科学研究要强调精品意识。对社会科学研究成果而言，质量就是生命。大学之大，不在大楼，而在大师；大家之大，不在派头，而在作品。如何锻造学术精品，需要我们以扎根本土、深植时代为基础，在观念和手段结合上、内容和形式融合上进行深度创新，提高作品的思想高度、文化内涵、学术价值。当前，哲学社会科学研究的重要任务是立足中国特色社会主义伟大实践，提出具有自主性、独创性的理论观点，构建中国特色学科体系、学术体系、话语体系，这是产生学术精品的源泉和保障。社科工作者应该围绕“三个体系”建设，深入生活、扎根人民，树立正确的历史观与文化观，拿出真正经得起考验的精品佳作，凭本事说话，靠品质取胜。社会科学研究是一项苦差事，需要勤于思考、甘于清贫、淡泊名利，不畏浮云遮望眼，专心致志地锻造精品。如果不把心思和精力放在创作精品上，只想着追名逐利、走捷径、搞速成，成不了大师、成不了大家。以精品奉献人民，需要耐得住寂寞，经得起诱惑，守得住底线，立志做大学问，做真学问，同浮躁之风、弄虚作假、学术不端划清界限，在学术积累上下功夫，在守正创新上下功夫，不断增强学术积累和创新能力，拿出更多高质量、高水平的科研成果。

藉此为序。向被收入文库的作者和作品致敬！向接续奋斗 40 年的天津社会科学院人致敬！向为文库的出版付出辛勤努力的同志们致谢！也衷心希望更多的专家学者立时代潮头、通古今变化、发思想先声、引时代明德、为人民立言，不断涌现出更多的精品佳作、名家大师，不断推进全国一流社科院建设迈上新台阶。

靳方华

2019 年 3 月 17 日

前 言

公元1267年，南宋度宗咸淳三年，杰出的爱国词人辛弃疾离开人世的第六十个年头，当朝史馆校勘谢枋得，来到翠岭连绵的赣东北铅山县，在敕葬辛弃疾的地方，盘桓了数日，写下了一篇感慨纵横、幽愤满纸的祭文《祭辛稼轩先生墓记》。

南宋朝廷史馆的这位史臣，以他极其真诚的文字，赞颂辛弃疾的高风亮节，“以此比来忠义第一人”，“公精忠大义，不在……岳武穆（岳飞）下。”他在祭文里，感叹具有奇才远略的辛弃疾不见用于朝廷，“入仕五十年，在朝不过老从官，在外不过江南一连帅。”“大仇不复，大耻不雪，平生志愿百无一酬”，杰出的人才竟如此被废弃不用，他认为这是造成南宋“国势远在东晋下”的原因。

南宋到了度宗咸淳年代，更是岌岌可危，这是有志之士的史臣谢枋得深以为忧的。谢枋得激于国家危亡的义愤，凭吊先代忠烈以明志，这是非常容易理解的。谢枋得还在祭文中，大声疾呼说，辛弃疾生平的遭遇，“此朝廷一大过，天地间一大冤，志士仁人所深悲至痛也。”这位史臣凭吊古人，感慨时事，同样是出于爱国的深情。

辛弃疾一生效忠于南宋，志图收复金人统治下的北部中原，却壮志难酬，死后甚至还被南宋议和派罗织罪名，夺官削秩。据《铅山辛氏族谱》载，子孙还受迫害星散他乡，难道这不是“朝廷一大过，天地间一大冤”吗？令人遗憾的是，在辛弃疾死后六十年，才有如史臣谢枋得著文为之辨谤昭冤。

辛弃疾出身于抗金起义军，是个立志于从军以图恢复统一的人物。他南归宋朝后，先后断断续续几次出任过江南的地方军政长官。近人柳亚子曾誉之为“霸才青兕兵家子”。但是，这位“兵家子”却屡遭贬谪，长期赋闲，郁郁不得遂其志。愤怒出诗人，辛弃疾也只好吟咏辞章以寄托自己的情志了。衰败腐朽的南宋朝廷，没有给辛弃疾提供施展其雄才大略的机会，使其成为一代中兴的名将，而投闲置散的生涯，幽思激愤的处境，却成就了辛弃疾登上文苑殿堂，成为有宋一代最杰出最富有创作成果的著名词人之一。

谢枋得写作《祭辛稼轩先生墓记》的始末因由，《宋史》曾有一段传奇色彩甚浓的记载，“咸淳间，史馆校勘谢枋得过弃疾墓旁僧舍，有疾声大呼于堂上，若鸣其不平，自昏暮至三鼓不绝声。枋得秉烛作文，旦且祭之，文成而声始息。”

《宋史》摭取的这段材料，其来源自然又是那位谢枋得。因此事见于谢枋得的《祭辛稼轩先生墓记》。姑勿论这段传奇性记载是否真有其事，但是从逻辑推理和心理学方面进行分析，还是能够解释的。因为史臣谢枋得出于仰慕前贤辛弃疾之情，具体环境又是在更阑人静的山林僧舍里，山风松涛之声，自然界有所谓万籁声息，难道不会造成人的幻听效果？这是其一。其二，辛弃疾死后六十年，虽然时遭毁谤，但他的《稼轩词》早已风行海内，谢枋得的祭文也提到“公以词名天下”，辛词自然为谢枋得所熟谙。谢枋得听到的那大呼于堂上的“疾声”，若鸣其不平，这不正是慷慨激越的辛词的遗音流响？流誉千古，震撼后世，深刻感染人们的精神世界，难道不是辛弃疾词作的艺术魅力吗？“有疾声大呼于祠堂者，如人鸣其不平，”我以为此语可以概括全部辛词的内容。

目　录

一、少年时代 …… 1
二、壮岁旌旗 …… 6
三、秦淮河畔，宝镜难寻 …… 12
四、七品的小京官 …… 25
五、滁州兴废 …… 32
六、断鸿声里，游子情怀 …… 41
七、提点刑狱 …… 50
八、二年历遍楚山川 …… 56
九、斜阳烟柳断肠句 …… 64
十、山雨欲来 …… 72
十一、带湖归去 …… 88
十二、浅斟低唱 …… 97
十三、歧路上的友情 …… 104

十四、乡情词的创作 …………………………………… 112
十五、秾丽绵密的爱情词 ……………………………… 121
十六、自然“美”与“力”的颂歌……………………………… 130
十七、鹅湖之会 ………………………………………… 139
十八、欲说还休 ………………………………………… 148
十九、出山 ……………………………………………… 156
二十、宦途多艰 ………………………………………… 163
二十一、白发归耕 ……………………………………… 172
二十二、在生活中“思索”和“想象” …………………… 182
二十三、痛饮狂歌的背后 ……………………………… 189
二十四、庆元党禁的旋风 ……………………………… 196
二十五、第二次出山 …………………………………… 206
二十六、京口放歌，壮怀激烈 ………………………… 215
二十七、巨星陨落 ……………………………………… 222

结 束 语 ………………………………………………… 233

一、少年时代

辛弃疾原字坦夫，改字幼安，后在江西上饶筑带湖新居，有一屋名稼轩，因自号稼轩居士。公元1140年，宋高宗绍兴十年，金熙宗天眷三年的五月十一日，他诞生于山东济南府历城县之四风闸。

据清人辛启泰编的《辛稼轩年谱》所引的《济南辛氏族谱》，知辛弃疾的太祖辛维叶，曾任大理评事，由甘肃的狄道迁居到济南；高祖辛师古做过儒林郎；曾祖辛寂做过宾州司户参军；祖父辛赞做过朝散大夫，陇西郡开国男，亳州谯县令，知开封府，赠朝请大夫。父辛文郁受赠过中散大夫。由此可知，辛弃疾出身于一个中小官僚的家庭。

辛弃疾幼年时代是跟随他的祖父辛赞长大的。《济南辛氏族谱》已散亡，辛弃疾在作品中又从未道及他的父亲，其父辛文郁可能早年就亡故了。据辛弃疾的《美芹十论》说，他的祖父辛赞在公元 1128 年，宋高宗建炎二年，金人攻陷济南时，未有携家南迁，并且在金朝先后担任过谯县和开封等地的守令。辛弃疾出生时，济南已经被金人统治 12 个年头了。

从祖父和父亲这两代论，辛弃疾可以说是出身于一个金朝官吏的家庭，等到他后来南归投宋后，家庭出身问题不能不说是他在政治上和声誉上的一个累赘。虽然辛弃疾在作品中解释，他祖父辛赞“被污虏官……非其志也”（见《美芹十论》）。但是，辛弃疾在南宋终归被人认为是“归正人”，受到歧视，并且成为政敌攻击和诽谤的一个口实。

辛弃疾的祖父辛赞虽然“被污虏官”，但仍然不失为一个有正义感和爱国心的人。他虽然在金朝做官，但是回到家里时，常常抒发对金人统治的不满情绪，表示有机会还要效忠宋朝。

辛赞当时那种矛盾的心理状态，是可想而知的。因为北部中国在金人的统治下，金人和汉人的政治地位是极不平等的，正如辛弃疾在《美芹十论》里所揭露的：“彼视吾民如晚妾之御嫡子，爱憎自殊，不复顾惜。”金朝统治者对其统治下的汉人实行残酷的民族压迫政策。金太宗天会十一年，公元 1133 年起，金政府下令从东北移徙女真人到中原地区，大肆掠夺汉人土地财产，建立屯田军，组成一个个谋克、猛安等基层政治单位，女真人与汉人杂处，由女真人担任千夫长、百夫长，监视和统治汉人。

辛赞对于金人对汉族人民的压迫，自然深切感受到了，这就不能不激发起他的反抗心理。他由于自己年纪大了，而且又在金人手下做官，于是只好把反正起义的希望寄托在后一辈的身上。辛赞在闲暇的时候，曾带领年幼的孙儿辛弃疾，凭吊汴京的皇宫，回想故国往日的太平景象。又常常带辛弃疾登上高耸的城楼，险峻的山川，一同观望祖国的壮丽江山，指画攻守形势。这些，都激发了少年辛弃疾的民族自尊心和爱国感情。

辛弃疾少年时代的经历，还应着重提到的是他的两次燕山之行。此事始末见辛弃疾本人写的《美芹十论》。他说："大父臣赞……尝令臣两随计吏抵燕山，谛观形势。"辛弃疾两次到金人的心腹地带河北燕山的目的是什么？据他的说法是，跟随辛赞部下一位计吏到金人首府燕京及其附近燕山，是为了察看山川形势，准备有朝一日起义反正。这似乎是没有疑问的。但辛弃疾两次到燕山的公开原因，据今人邓广铭的《辛弃疾年谱》考证，是辛弃疾两次赴金朝京城应科举考试。

辛启泰的《辛稼轩年谱》载："先生年十四领乡举。"封建时代的士子，领乡荐后才能够参加全国性的会试。公元1154年，金贞元二年，辛弃疾15岁第一次燕山之行当是首次参加金朝的会考。这次辛弃疾落榜了，于是到公元1157年，金正隆二年，第二次燕山之行，再度赴考，据唐圭璋引徐梦莘《三朝北盟会编》卷二百四十九，以及刘宰《漫塘文集》卷三十四的记载，说辛弃疾这次考中了进士。人们会提出疑问，既然辛弃疾少年时代就志图反正，那为什么还参加金人的科举考试呢？我们不能脱离历史的具体条件，要求古人在乱离的情势下，人人都得效法伯夷、叔齐那样"耻食周粟"。当然，辛弃疾参加了金人的科举而且中了进士，也绝不是一件荣耀的事情，要不然为什么辛弃疾在归宋以后对此事一直讳莫如深呢，他在《美芹十论》里把两次燕山之行都只是从"谛观形势"这个角度去谈，便是明证了。当然，小疵不掩大德。辛弃疾后来参加了抗金起义，反正归宋，从金人的营垒里决裂出来，那应当是爱国主义的英雄行动。辛弃疾的同窗学友党怀英，较晚一些时间也考中了金朝的进士，他留下事金，做了金朝的朝廷大官，便不能与辛弃疾同日而语了。

王恽的《玉堂嘉话·辛殿撰小传》载："弃疾……姿英伟，尚气节。少与泰安党怀英友善。一日与怀英登一大丘，置酒曰：'吾友安此，余将从此逝矣。'遂酹别而去。"记述辛弃疾与党怀英的诀别，颇能说明辛弃疾"尚气节"的人格，有学者认为王恽的载录"纰缪之甚"，是没有理由的。相反，《宋史·辛弃疾传》记载的："与党怀英同学，号辛、党。始筮仕，决以蓍，怀英遇'坎',因事留金;弃疾得'离',遂决意南归。"把辛弃疾归宋的原因,归结为偶然占卜的结果,显然贬低了辛弃疾起义归宋的思想动机,这才是"纰缪之甚"呢。

二、壮岁旌旗

辛弃疾18岁中进士，后几年的行状无文献可考，他的祖父辛赞是在这几年间谢世的，辛弃疾可能丁忧居丧，没有出仕。

公元1161年，宋绍兴三十一年，金大定元年，时局发生了急剧的变化，金朝的皇帝完颜亮单方面破坏了勉强维持了20年表面和平的南北局势，对南宋发动了大规模的战争。

完颜亮窥伺江南的野心是由来已久了的。有一次，画工向他呈献了一幅南宋首都临安的风景画，他叫画工把他戎装立马的形象画在画里，并亲自题诗道："立马吴山第一峰。"表现出对富饶美丽的南方有觊觎之意。南宋的使臣到来，他威吓说："我将看花洛阳！"这就是公开的挑衅了。在这一年，他从燕京迁都开封，开始做南侵的准备。接着下令征发20岁至50岁的壮丁，包括女真、汉、契丹等族，共得50余万人马，编组27军，兵分四路，在公元1161年秋季，大举南下。

金主完颜亮发动大规模的战争，激起了各族人民的反抗。他们纷纷组织义军，“大者连城邑，小者保山泽”，从前线到敌后，打击金朝侵略者。辛弃疾在《美芹十论》里回忆这段往事时，写道：“粤辛巳岁（1161年），逆亮南寇，中原之民屯聚蜂起，臣尝鸠众二千，隶耿京，为掌书记，与图恢复，共籍兵二十五万。”这当是实情。

据文献记载，辛弃疾长得肤硕体胖，目光有稜，背胛有负，虽为书生而有武人的风采。辛弃疾是在起义军的戎马生涯中，最先表现出他的杰出才能的。

辛弃疾加入耿京的起义军后，“即劝京决策南向。”（事见《宋史·辛弃疾传》）表现了辛弃疾心怀祖国统一，具有远大的战略眼光。

辛弃疾在起义军的日子里，也曾发生过一些不愉快的事情。他有一个当和尚的朋友叫义端，因为“喜谈兵”，辛弃疾同他关系相当好。他介绍义端加入了耿京的起义军。这个义端却是个心怀异志的人，有一天义端把起义军的印信盗窃出来潜逃了。军中失去印信是一重大事件。因辛弃疾身为掌书记，印信是由他掌管的，义端又是他介绍到起义军的，于是义军领袖耿京，盛怒之下要问斩辛弃疾。辛弃疾便说：“请给我三天的期限，如果不把义端捉拿归案，我愿意服从处决。”耿京也就同意了。辛弃疾揣度叛徒义端，有可能以起义军的印信为进见礼，向金兵密报起义军的虚实。于是，辛弃疾急奔往金人兵营的方向，果然把义端捉住了。义端见了辛弃疾，便以朋友之情求饶，辛弃疾不听义端的花言巧语，大义凛然，不为私情所动，把义端杀了归报。这件事情的果敢与无私的处置，使辛弃疾更加得到耿京的信任。公元 1162 年，辛弃疾受命过江，同南宋朝廷接关系，在建康行营受到宋高宗的接见。南宋政府加封耿京为天平军节度使，辛弃疾为右儒林郎，后改右承务郎。起义军正式隶属南宋政府的领导之下。但是，辛弃疾由建康返回山东的归途中，起义军总部却发生了意料不到的事变。

耿京被害了，起义军发生兵变。真是事起仓卒促，辛弃疾一行得知这个不幸的消息时，才回到接近山东边界的海州。其时，起义军的副首领张安国已投降金人。于是，辛弃疾率手下五十骑士，直接闯入拥有五万之众的金人兵营，亲自擒获叛徒张安国。接着束马衔枚，昼夜兼程，把叛徒押解至建康，交宋朝政府处决。辛弃疾这次以数十骑人马，冒死闯进有数万兵力守备的金营，活捉叛徒张安国归案，再一次显示了他的过人胆略，非凡才智和英勇精神。辛弃疾的同时代人洪迈在《稼轩记》里说，辛弃疾此举，“壮声英概，儒士为之兴起，圣天子一见三叹息……”辛弃疾的英名，从此就为朝野所传颂了。辛弃疾这年才不过23岁。但是,南宋政府并没有重用辛弃疾,只不过派他到江阴担任一个低级的文职签判官。

江阴军当时属于浙东西路,是一个州的建制。签判,是签书判官厅公事的简称,是州首长知州、副首长通判之下的一个幕职官,官阶只有从八品。这样的一个差使,对辛弃疾来讲,不能不说是大材小用。南宋政府把一个有抱负、有才略的英雄实际上闲置起来了。

公元1162年至1164年,辛弃疾在江阴签判任所,这段时期的政绩和行处,官方文献和辛弃疾本人的作品,都没有记述。宋朝的官制,地方官任期三年。辛弃疾在江阴任满后的出处,文献和他的作品也无从查考。

在这期间的一个重大历史事件是:公元1163年,宋高宗退位了。

原来,在金兵南侵失败的形势下,金朝统治集团内部发生了政变。金东京留守完颜雍乘完颜亮南下,夺取了政权,自立为帝。完颜亮进军到扬州,被部将杀死,金兵败退,宋朝收复了两淮地区。南宋这一次抗金胜利,以宋高宗为首的议和派,却主张乘胜求和。但是,当时朝野上下,坚持抗战的呼声很高,宋高宗不得不把帝位传给了太子。宋高宗被迫退位,标志着主战派对议和派斗争的一个胜利。

孝宗继位后，改变了高宗时代执行的对金屈服的政策，任命主战派张浚为枢密使，要以武力去收复中原。但是，张浚是个书生，夸夸其谈，将略不是他的所长。他任用在前线作战的两个指挥官，内部又不团结，在安徽符离地区同金人打了一仗，结果大败而归，器甲资粮全部丢弃，以致多年来在前线积储的军需品也扫地无余。

宋孝宗遇到这次挫折，畏惧退缩了，与金人签订了屈辱的“隆兴和议”，主战派人物也陆续被排斥出南宋政府，议和派人物又重新抬头。

就在南宋朝廷议和派卷土重来、议和之声甚嚣尘上的形势下，忧国忧民的辛弃疾于公元1165年，宋乾道元年，向孝宗皇帝奏进了他的《美芹十论》。

这是流传下来已知的辛弃疾南归后的第一篇作品。这篇作品，洋溢着强烈的爱国主义热忱，以及对敌我双方形势的深刻分析，驳斥了士大夫们“南北有定势，吴楚之脆弱不足以争衡于原”的投降妥协言论，提出了加强国家经济实力和国防实力的设想。但是，宋朝政府对辛弃疾的意见并没有采纳。

在《美芹十论》里，辛弃疾提到自己“官闲心定”“越职之罪难逃”，从这样的话，可知辛弃疾当时是有官职在身的，但所居何官，所任何职，却无文献可以稽考了。

公元 1167 年，宋乾道三年，28 岁的辛弃疾可能流落于吴江一带。《稼轩词·水调歌头·和王正之右司吴江观雪见寄》写道："好卷垂虹千丈，只放冰壶一色。云海路应迷。老子旧游处，回首梦耶非。"又《清平乐·忆吴江赏木樨》写道："少年痛饮，忆向吴江醒。明月团团高树影，十里水沉烟冷。"邓广铭的《辛稼轩年谱》认为，"知稼轩少年期内曾有流落吴江情事。乾道元年之前及乾道三年之后，稼轩宦游踪迹均历历可考，吴江非所应至之地，因疑其事必在乾道二三年内。"

辛弃疾这几年的出处行藏，虽无其他文献可资佐证，若从辛弃疾在作品中回忆当年的情景看来，当时辛弃疾可能在江浙一带作汗漫游。年少飘逸，意气风发，对人生充满乐观和探求精神，是辛弃疾南归初期的思想基本倾向。

三、秦淮河畔，宝镜难寻

辛弃疾流传于世的作品，有宋刊《稼轩词》四卷；今本有邓广铭的《稼轩词编年注》，收词作六百二十六首；又邓广铭辑校《辛稼轩诗文钞存》，收文十七篇，诗一百一十二首。另见《铅山县志》卷二十三《艺文志》记载，有《瓢泉秋月课》和《窃愤录》两部书目，旧题均为辛弃疾撰。辛弃疾在世上影响最大的作品，当然是词。这些词作，据目前学术界的考证，认为基本是辛弃疾在公元 1168 年，宋孝宗乾道四年以后的创作。

辛弃疾南归以前，有无创作，现在不得而知了。但是，从公元 1161 年，宋高宗绍兴三十一年，辛弃疾南归后，投入恢复事业的前 7 年，为什么竟是创作的空白呢？特别是辛弃疾早年在起义军里，奋战沙场，出生入死，竟没有留下一首词作？公元 1164 年，宋孝宗隆兴二年，在江阴签判任上；1165

年，宋孝宗乾道元年，流落吴江期间，都没有创作吗？如果说辛弃疾在起义军里，由于戎马倥偬，无暇顾及创作，那么流落吴江期间，当时应当是比较“闲散”的，为什么也没有创作呢？如果说辛弃疾只是中年以后才开始写词的，就像唐代诗人高适在 50 岁以后才开始写诗一样，那也没有足够的资料根据。那么，辛弃疾早年也可能有作品，只是后来散失了？现在也只好存疑。

辛弃疾现存的集子里，有三四首词作可以认为是公元 1168 年，宋孝宗乾道四年的作品。

据《宋史 · 辛弃疾传》载：“乾道四年，通判建康府。这一年，辛弃疾来到了南宋北部的政治和军事重镇建康府做官了。通判官是知府的行政助理。南宋时，建康府通判例置三员，分东、西、南三厅。辛弃疾是南厅的添差通判，是个比较闲散的差使。

辛弃疾南归已是第六个年头了，政治上还没有较大的作为。差使虽然有，但都是闲差使。当一个州府长官的二三等副手，比吃闲饭的“幕客”也强不了多少。胸怀大宋统一壮志的辛弃疾，自然是十分不甘心的。怎么办呢？几年前给皇帝上书，陈述自己的政见，希冀皇帝重用，也没得到结果。封建社会的士子和职位低微的人，只好奔走于那些有权有势的大人物的门庭，希望得到他们的举荐，此外便别无他途了。李白失遇时写了《与韩荆州书》，说："一登龙门，便声价十倍。"大人物们的举荐是十分重要的。大诗人杜甫也有过"朝叩富儿门，暮随肥马尘"的辛酸，要实现自己的抱负是困难的啊！

当时驻节建康的江南东路计度转运副使赵介庵，是当朝皇上的宗室，是个接近皇帝的人物，很有势力和名望。他做生日的时候，辛弃疾应邀参加寿筵，并即席写了一首《水调歌头·寿赵漕介庵》，其词曰：

千里渥洼种，名动帝王家。金銮当日奏草，落笔万龙蛇。带得无边春下，等待江山都老，教看鬓方鸦。莫管钱流地，且拟醉黄花。

唤双成，歌弄玉，舞绿华。一觞为饮千岁，江海吸流霞。闻道清都帝所，要挽银河仙浪，西北洗胡沙。回首日边去，云里认飞车。

首句就多少带点儿媚态。"渥洼"，水名，在今甘肃瓜州县，是产千里马的地方，传说汉朝时曾有人把这里的良马献给汉武帝。作者恭维赵介庵是渥洼的千里良马，声名惊动了朝廷。"名动帝王家。"也隐喻赵介庵是皇室的显贵人物。礼下于人，必有所求。在仕途上遇到阻塞，雄心壮志受到压抑的辛弃疾，求得人家举荐的心情，不言自明。

"金当日奏草，落笔万龙蛇"，说赵介庵同皇帝是能够说得上话的人。因为朝廷宗室，也有被打入"冷宫"，不受重视的，作者说赵介庵却不是这样的宗室，他给皇帝掌理过制诏书，而且又说赵介庵是个很有文采的人，落笔万言，如走龙蛇。在这里，作者隐约表示能得到举荐之意，但并不直说，可谓苦心孤诣，措辞颇费踌躇。

“带得无边春下”，是说赵介庵能赐福于人，把春天般的温暖带来人间。作者有求于人而婉转陈情，真是达到挖空心思的地步了。

“等待江山都老”，一方面是指岁月流逝，照应下文“教看鬓方鸦”，说赵介庵青春常驻；另一方面也隐含作者要为朝廷做一番事业，却盼望已久了，江山都等老了的意思。下片开头的几句话，是作者即席陈述所见，无关宏旨。重点落笔的地方是“闻道清都帝所，要挽银河仙浪，西北洗胡沙”，直接点明祖国北方有“胡沙”骚扰，将自己有志报效国家的意向隐藏于其间。只说“清都帝所”欲“挽银河仙浪”，有洗擦“胡沙”之举，又是一种委婉曲折的措辞。国难当头，志士献身，是作者的真正用心。辛弃疾向这位有权有势接近皇帝的大人物赵介庵把自己的志愿提出来，希望他能在皇帝面前保举之意。“落日胡尘未断”，这是陆游的诗句。用“胡尘”或“胡沙”比喻北方金人的威胁，是诗人们惯用的字眼。

“回首日边去，云里认飞车”，又是一句美好的颂扬语。“日边”当然是指皇帝的身边，说赵介庵在人们“回首”之间就能够来到皇帝居住的地方，让人们钦慕他乘坐着车子消逝于天际云间。那是意义自明的，好像是说，你赵介庵他日来到皇帝身边述职时，不要忘了替我们这些远离“日边”的人美言几句，把我们报国的雄心好好转达啊！

这首词是颇能表达乾道初年辛弃疾的处境和心情的。一个爱国志士，雄心勃勃要有所作为，但不为世所用，实在是痛苦的。在别人的寿筵上，大家都那么高高兴兴，自己也只好强颜欢笑，因为要拜托人家举荐自己，所以也不得不讲一些应酬性质的恭维话。而志在“西北洗胡沙”的思想，在这首词里却是锋芒独见的，这是其他文人墨客逢场作戏写的那些祝寿词所不能比拟的。

人生三十而立，这是中国人的古训。已经到了二十九岁年华的辛弃疾，充分意识到自己在事业上应当有所建树了。他在官场里，做事严谨，在朋友交往中，广结人缘，以图在事业上有所作为。他成家立室是比较迟的，同邢台范邦彦的女儿结婚大约是在这几年间，但是在辛弃疾的早期作品中，却很少涉及他个人的家庭生活。不像晚唐诗人李商隐，在政治上失意的时候，个人感情有时竟低回沉湎于儿女情的圈子里。也不像《花间》《尊前》派的词曲作者们，在民族灾难深重的动乱年代，还以吟风弄月、抒写艳情为能事。辛弃疾有时也去欣赏歌妓们的艺术表演，有时也参加朋友们聚会的酒筵，但是他都没有被偏安一隅的表面承平气象所迷醉，时时刻刻不忘为国家建功立业。他是非常欣赏和推崇北宋的大文学家苏轼在词曲创作上所开创的豪放风格的，赋诗填词都应当用来表达积极投身大宋统一大业的壮阔情怀。辛弃疾的顶头上司，建康留守史致道是个胸怀壮志、要做一番事业的官员。可惜朝廷中议和派势力当道，他也是郁郁不能遂其志。在一次史致道邀集的酒筵上，辛弃疾即席写了一首《满江红·建康史帅致道席上赋》，在朋友们面前再一次抒发了自己要建功立业的心曲。词中写道：

鹏翼垂空，笑人世、苍然无物。又还向、九重深处，玉阶山立。袖里珍奇光五色；他年要补天西北。且归来、谈笑护长江，波澄碧。

佳丽地，文章伯。金缕唱，红牙拍。看尊前飞下，日边消息。料想宝香黄阁梦，依然画舫青溪笛。待如今、端的约钟山，长相识。

辛弃疾在这支曲子词里，塑造了一只云翼垂空，高翔万里的大鹏形象。作者既用它来比喻酒席的主人史致道，同时也可以看作是辛弃疾的自况。扶摇万里的大鹏鸟，一飞冲天，可是回眸笑看脚下的人间尘世，竟然是什么东西都看不见。“苍然无物”可以理解为什么东西都看不见，也可理解为人世间竟没有什么人才。这是作者对在朝廷执政的只知苟安快活，把国家民族利益置之不顾的衮衮诸公们的大胆否定。只有大鹏鸟才有不可比拟的宏图壮志，它能飞到九重天上，来到那“玉阶山立”的美丽境地。大鹏鸟还有“补天”之才，能修补眼前陷落敌国手中的缺漏的西北天角。“且归来、谈笑护长江，波澄碧”，作者叹息那大鹏虽然具有雄心壮志，亦不乏“补天”的本领，但不为时势所用，只好局限于守卫长江的一角，滞留于波光水影之中。作者笔锋一转，从上片的虚写，变换为下片的实写，“佳丽地，文章伯。金缕唱，红牙拍”，是酒筵上的所见。意思是说，在这个美好的地方，同人们一同娱乐的主人，还是文墨场中的魁首呢。这当然是指的史致道，比喻他是个才兼文武的人物。“看尊前飞下，日边消息”，那“看”字不是实有的动作，在这里只作“等着瞧吧”那种空泛之词，“日边”自然是指朝廷，那“消息”是指抗敌恢复中原的好消息。接下去的一句“料想宝香黄阁梦，依然画舫青溪笛”，却把那“日边消息”的想象给打个破碎了。“宝香黄阁”是指那鼎炉里焚烧着名贵香料的丞相官署，因丞相官署的大门涂黄颜色，故称黄阁。意思是说具有雄心壮志的主人史致道，要入阁为朝廷做一番大事业，眼前只不过是梦想罢了，依旧还得留在这儿享受画舫溪笛。结尾一句“待如今、端的约钟山，长相识”，是补足上一句的未尽之意，说的是我们这些人确实要和建康城外的钟山相约，长相厮守了。

从这首词作可以看出，作者辛弃疾南归六年以来，在生活中几经挫折，他虽然胸怀大志，切望为国家效力，恢复北部山河，但是，他已意识到这是十分困难的，朝中议和派当道，他们不重用有为的主战派人士，又有什么办法呢？辛弃疾在作品中流露出来的那种怀才不遇的感情是非常强烈的，但是他并没有因此而颓唐消极，他在追求，他在探索，他在奋斗之中。

辛弃疾在建康通判任上，创作并不多，值得一提的，还有一首《念奴娇·登建康赏心亭，呈史留守致道》。

官事不多，长日无聊，建康城位于长江与钟山之间，可堪娱乐的山水倒有的是，但辛弃疾此时还似乎无意于山水之间，他的脾气秉性同那些以吟风弄月为能事的骚人墨客毫无共同之处。眼下的这座建康城，在南北分裂的形势下，屹立在南宋的国防前线，正经受着严峻的考验。建康城又是六朝的故都，是古往今来典章文物荟萃之地。历史上曾经有过多少匆匆的过客，他们当中有昏主，有权奸，更有英雄，在这里登台表演。建康城的每一个角落，每一处亭台楼阁，都有许许多多往昔世事变迁的痕迹。这些倒是能够深深牵动辛弃疾的感情的。在一个丽日晴天，轻风杨柳格外宜人的日子，辛弃疾公余之暇，独个儿信步来到秦淮河畔的赏心亭上。这赏心亭，是北宋初年，晋公丁谓所建，有百多年的历史了。辛弃疾来到这座百年建筑，登临远眺，不禁百感交集，即兴写成了这首新作，其词曰：

我来吊古，上危楼，赢得闲愁千斛。虎踞龙蟠何处是？只有兴亡满目。柳外斜阳，水边归鸟，陇上吹乔木。片帆西去，一声谁喷霜竹？

却忆安石风流，东山岁晚，泪落哀筝曲。儿辈功名都付与，长日惟消棋局。宝镜难寻，碧云将暮，谁劝杯中绿？江头风怒，朝来波浪翻屋。

这是一首吊古伤今的词章。“我来吊古，上危楼，赢得闲愁千斛”，作者在起句就以突兀之势，点明牵动他感情起伏的因由。登上高楼，下临秦淮，遥望远处的长江，使他想起了古往今来的历史变迁。他以引而不发的笔触，暂不说明什么原因“赢得闲愁千斛”，使读者揣测，捉摸不定。以“闲”字点“愁”，意欲说明他的愁闷是无所谓的，但又以“千斛”极言其分量之重，给人一种重压的感觉。作者造成了一种力量，迫使读者跟踪追索非读下去不可。“虎踞龙蟠何处是？”建康这个地方，形势险要，早有“虎踞龙蟠”之称。据《金陵图经》记载，三国时诸葛亮就评论过金陵的地理形势：“钟山龙蟠，石城虎踞，真帝王之都也。”作者在这里却用的是疑问句，他好像对建康的险要形势是怀疑的，但其实作者的用意恰恰是肯定它的，以疑问的语气提出，不过是加重感情的负荷罢了。

“只有兴亡满目”，含有往事不堪回首的意思，如此美好壮丽的山河，留落在人们眼前的只是一些朝代兴废的痕迹。这就是说，祖国的河山，看落在谁人手里了，能够使它兴旺，也能够使它衰败。形势险要是不足恃的，决定的因素还是在人。作者在这里，隐含着深沉的感慨。接着下来的，作者据眼前的景物，捕捉住一系列在变化中的，在消失着的自然形象：柳荫下的斜阳，在大河两岸寻找归宿的飞鸟，高高树林里的风声，苒苒西去的消失在远方的孤帆，还有一声声使人触动愁肠的舟中的笛音……这些形象，在人们的俯仰之间，就要逝去了，永远地消失了。捉摸不定的景物，触动人们捉摸不定的感情。因此，“柳外斜阳，水边归鸟，陇上吹乔木。片帆西去，一声谁喷霜竹？”似乎是作者信手拈来的眼前即景，其实是他经过深思熟虑之后，精心筛选出来的一组形象。它比喻一切都在变迁，一切都行将消逝，与上句“只有兴亡满目”互相映衬，加深那种吊古伤今的感情。

如果说上片用的都是虚笔，给读者一些形象暗示，那么作者在下片里，就用具体的历史典故，着重抒发和表达作品的思想情绪了。“却忆安石风流，东山岁晚，泪落哀筝曲。”辛弃疾介绍给我们的这个古人谢安石，是人们熟悉的东晋名将谢安，他指挥过著名的淝水之战，以八万兵力迎击号称百万大军的苻坚部队，最后取得了辉煌的胜利。但是，谢安有过一段不得意的历史，曾被奸人构陷，皇帝不信任他。有一次，东晋孝武帝召宴，谢安在场。一位叫桓伊的人弹筝唱歌，唱道："为君既不易，为臣良独难，忠信事不显，乃有见疑患。"替谢安表白忠心。于是谢安触景伤怀，禁不住落下泪来。"儿辈功名都付与，长日惟消棋局。"儿辈是指谢安的侄子谢玄等人，都是有相当功名地位的人了，但是老一辈的谢安却被皇帝猜疑，不为世用，每日只有在棋局中打发日子。辛弃疾特别引出谢安这个古人来，意思是十分清楚的。忠信见疑，不为世用，如今辛弃疾的境遇，与谢安当年的处境，是有相似之处的。有栋梁之材，而又胸怀壮志的辛弃疾，归宋六年一直只得到一些闲差小职。报国无门，怀才不遇，使他听与哀筝而泪落的谢安发生共鸣。接下来的"宝镜难寻，碧云将暮，谁劝杯中绿?"感情的负载就更沉重了。"宝镜"是指何物？有人解释为"月亮"，这在上下文是不通的。李濬的《松窗杂录》载："渔人于秦淮得古铜镜，照之尽见脏腑……"在这里，辛弃疾指的应是秦淮渔人得到的那面古铜镜。因为辛弃疾从沦陷区归宋，被人们看成是"归正人"。"归正人"是被人歧视的，朝廷也怀疑"归正人"有异心。所以，辛弃疾登上赏心亭楼，下临秦淮古河，便想起秦淮渔人那面铜镜来了，他恨不能得到这面能照见脏腑的"宝镜"以明心曲啊！这样来理解作者发出的"宝镜难寻"的慨叹，是极容易理解的了。这首词以

“江头风怒，朝来波浪翻屋”作结，起得突兀，结得也突兀。作者站在赏心亭上，远望怒涛翻卷、滚滚东去的大江，那怒涛好像要把岸上的房舍都要吞噬下去了，这是富于象征意义的。一方面比喻作者感情像江涛那样汹涌不平；一方面也以眼前的江头风大浪险，比喻南宋当前国势的危急。也许两样的用意兼而有之，作者为读者留下广阔的想象余地，让后来者去玩味。

辛弃疾在建康通判任上，时间只有两年，创作不是很多。但是，就从这些早期的、数量不很多的作品来看，辛弃疾的艺术个性已经初步形成。他以沉郁悲壮的音响，热烈豪放的气势走上词坛。他抒豪情，叙壮志，关心国家民族的兴亡，一支曲子词是一支救亡曲，一扫南唐五代以来词坛风靡一时的那种专写艳情的积习。虽然也使人明显地觉察到，辛弃疾的艺术风格受到苏东坡一派词风的影响，但是也正像人们所说的，苏词是才子词，辛词是豪杰词，辛弃疾的作品写了更广阔、更激荡的社会现实，这是为苏词所不及的。这种差别，有作家艺术个性的因素，但主要的是时代不同了。苏轼的时代，总算是北宋中叶的承平时代，而辛弃疾却是生活在半壁河山沦丧，国家民族多难之秋。这是时势造英雄。同样，时势也影响甚至决定作家的艺术内容和风格。可惜的是，我们现在无从知道辛弃疾青少年时期有无创作，好像他是在生活经历了一些坎坷，政治上成熟起来以后才开始创作的，因此，他的初期作品，思想内容和艺术风格都比较成熟。若论到这个时期创作的缺点，那就是豪迈的气势有余，而艺术的含蕴似乎不足。但是，这仅仅是辛弃疾创作的起步，他的艺术风格虽说已初步形成，却还是发展着的。

四、七品的小京官

公元1170年，宋孝宗乾道六年，至公元1171年，乾道七年，辛弃疾曾一度调到当时南宋的首都临安（今杭州）任职，但时间也只有两年的光景。

《宋史·辛弃疾传》载：“六年，孝宗召对延和殿……弃疾因论南北形势及三国、晋、汉人才，持论劲直，不为迎合。”

辛弃疾在建康通判任上的时候，怀抱国家民族恢复大业的雄心壮志，广泛交游，以求谋得出路。很可能有人把他举荐给朝廷了，于是在本年被调到首都临安，并且很走运，得到孝宗皇帝的召见。

升官的机会到来了，辛弃疾却是怎样把握这个时机的呢？要是一般官迷心窍的人，他必然是揣摩皇帝的心意，阿谀奉迎，投其所好，于是乎得到赏识，个人从此官运亨通。可是辛弃疾却不然，他是怀抱着实现统一大业的雄心壮志来到京城的，他是一个彻底的主战派，皇帝把他叫了去，他于是滔滔不绝地谈论当前的国家形势，并且引证了历史上许多有作为的杰出人物，为自己坚持抗战到底的主张找论据，这就当然得不到孝宗皇帝的喜欢，结果只授了辛弃疾一个从七品衔的小官“司农寺主簿”的差使。

辛弃疾谋求擢升上进的愿望没有达到，但他“持论劲直，不为迎合”的高贵品格却又一次得到表现。

“主簿”一职是干什么的呢？这是在汉代以来通用的官名，《文献通考》说：“古者官府皆有主簿一官，上至三公及御史府，下至九寺五监，以至郡县多置之。所职者簿书，盖曹掾之流耳。”魏晋时，主簿的地位较重要，通常是将帅重臣的幕僚长。及至唐宋，主簿只不过是士人们刚走上宦途时的最初官阶。“司农寺”是掌管粮食储存和发放官吏禄米的官署，辛弃疾在这里担任一个主管文书簿籍的低级官员，其名义和实际权力，都远不如在建康当通判。可见，孝宗皇帝召见之后，辛弃疾仍然不被重视。

辛弃疾在司农寺任上两年，作品的数量很少，这是因为他来到皇帝身边工作，官职虽然小，但官场的应酬多了，那平庸的官场生活，拉拉扯扯、吹吹拍拍的交际，同辛弃疾豪放俊逸的个性是格格不入的，也引不起他的多少兴致。他在写给赵德庄的一首《新荷叶》词作中，就透露出“知音弦断”的苦闷来。临安那表面的承平气象，官僚们过着纸醉金迷的生活，一切都是无所作为，词人辛弃疾的才华也无可施展。

临安城内有个西子湖，这是唐宋以来人们游赏的胜地，过去的许多诗家词人曾写下不少佳作。辛弃疾在这个时期也写了一些游赏西湖的词作，像《好事近·西湖》："日日过西湖，冷浸一天寒玉。山色虽言如画，想画时难邈。　前弦后管夹歌钟，才断又重续。相次藕花开也，几兰舟飞逐。"手法则平庸些，艺术没有什么特色，同其前辈白居易和欧阳修那些写西湖的佳作相比，显然逊色得多。创作是需要激情的，勉强为应酬而作，没有激情，作品就不免于平庸。

但是，此时创作的《满江红·题冷泉亭》，仍不失为一首佳作。他写道：

直节堂堂，看夹道冠缨拱立。渐翠谷、群仙东下，珮环声急。谁信天峰飞堕地，傍湖千丈开青壁。是当年、玉斧削方壶，无人识。

山木润，琅玕湿。秋露下，琼珠滴。向危亭横跨，玉渊澄碧。醉舞且摇鸾凤影，浩歌莫遣鱼龙泣。恨此中、风物本吾家，今为客。

对这首词作的主旨，历代学者有不同的解说。梁启超考证说，词末两句，似公曾居临安，作词时已移家。这种说法是过于求凿了。近人又有另一说法，说那是辛弃疾怀念故乡济南之作，词中感慨祖国山河破碎，写景寓情，表达出渴求统一祖国的理想和情怀。此说也没有足够的证据，说服力不强。其实，这首词只不过是辛弃疾在临安时期的一首写景之作罢了，难以得出所谓“收复故国”的感慨来的。

冷泉亭，据《咸淳临安志》卷二十三载：“冷泉亭在飞来峰下，唐刺史河南元藇建、刺史白居易记，刻石亭上。”同书又引晏元献公《舆地志》说：“晋咸和中，西僧慧理登兹山，叹曰：‘此是中天竺国灵鹫山之小岭，不知何年飞来。佛在世日多为仙灵所隐，今此亦复尔耶，因挂锡造灵隐寺，号其峰曰飞来。’”

《满江红·题冷泉亭》的词意本来是十分明白的，辛弃疾在其中极力批驳飞来峰是天竺国飞来的谬说。作者坚持“风物本吾家”的见解，表现了辛弃疾的爱国主义情感。

作者在这首写景之作中，表现了他的艺术风格一贯的特点，笔势豪纵，富于想象，语言铿锵有力。起句就使用了拟人化的手法，逼真地在读者面前展开了一幅飞来峰下冷泉亭周围生机盎然的画面。现在，就让我们展开这幅画卷。

看！那凌风劲节挺立的松树和竹丛，簇拥在曲曲弯弯的山路两旁，多么像那仪容端庄、冠缨飘洒的一群文臣武将。翠色青森的峡谷里，山风乍起，那松木竹枝或巍然挺拔，或摇曳多姿，发出了和谐的韵律，又多么像那天上的仙女们飘然下降凡尘时，带来的玉珮银环击碰的音响。谁能相信呢，说这像鹫鸟屹立似的山峰是天竺国飞到此间的？那么山下那一片湖泊，又是怎样冲决崩离那望上去足有千丈高深的石壁的？不！那是盘古开天辟地时，用玉斧劈开的方壶山，只不过无人记得它的来历罢了！苍劲挺拔的松树呀，青翠秀媚的竹林呀，那枝枝叶叶凝聚的露水，被山风吹洒下来，就像晶莹的珍珠似的落到泥土里。让我们乘兴从飞来峰下的湖面上，泛舟到对岸的冷泉亭去吧！我带着微醺蹁跹起舞，看着湖面的倒影使我流连。纵情歌唱吧，且莫让水中的鱼龙也同我们一起悲泣！眼前那美好的景物，本来是我们祖先的故土，却有人编排说它是天竺国飞来的客居山水，这岂不令人遗憾吗！

以上就是《满江红·题冷泉亭》的大意，词中沁透着作者对祖国山河的无限爱恋之情，其中也透露出作者蕴藏在内心深处的淡淡的哀愁："醉舞且摇鸾凤影，浩歌莫遣鱼龙泣。"这是与作者当时的处境与心情相吻合的。

春风得意马蹄疾的境界，在稼轩词里是少见的；相反，愁肠梗阻之情却在辛弃疾笔下屡屡得到表现。临安时期的创作，亦复如是。这是因为辛弃疾怀抱统一大业的雄心壮志，杀敌沙场、马革裹尸才是他的夙愿。南归这些年来，景况实在事与愿违。他被召临安，向孝宗皇帝面陈恢复大计，不被采纳；此后不久，又向宰相虞允文上书《九议》，结果“以讲和方定，议不行”，再一次碰壁。在司农寺担任一个主簿，官卑位微，他胸中纵有治国安邦的良谋妙策，又如何能够得到施展呢？他感到抑郁不抒，以至哀从衷来，那是必然的了。他在临安时期的另一首词作《念奴娇·西湖和人韵》里，有“醉中休问，断肠桃叶消息”的感慨，在与人唱和的《新荷叶》里，反复咏叹“春色如愁”“闲愁几许”“光景难携”这样的话，那压抑不抒的心情更溢于言表了。

临安时期的辛弃疾，由于政途颇不称意，无所建树，是他南归以来情绪最消沉的时期。这个时期的创作，风格偏于沉郁，艺术形象则以描写大自然为多。但是，这个时期他的艺术创作，已开始表现出他的特有才华。如果说建康时期辛弃疾的词风，与苏东坡的才子气质区别不大的话，那么本期的创作，尽管作品数量不多，但作者在匠心运构方面，开始突出表现他驰骋想象的特点，不是写实比写实超脱，不是虚拟比虚拟深沉，想象力、描写对象与内在感情非常巧妙地结合在一起，不但使他的作品同词坛的正统流派——婉约派有完全不同的风格，就是与他所师承的词坛的革新流派——豪放派也有许多不同之处。他开始形成自己独特的艺术个性。例如：“琴里新声风响佩，笔端醉墨鸦栖壁。”（《满江红·照溪梅影》）“谁把香奁收宝镜，云锦周遭红碧。”（《念奴娇·西湖和人韵》)已经让人看得出稼轩词的“于豪迈中见精致”(《赌棋山庄词话》卷一语)的端倪了。

辛弃疾在这个时期,政治上虽然无所作为,但创作艺术上却有了较明显的进展。

五、滁州兴废

据崔敦礼《宫教集卷六·代严子文〈滁州奠枕楼记〉》载："乾道元年，疆陲罢兵……八年某月，滁人阙守，诏用右宣教郎辛侯幼安。"这就是公元1172年，孝宗乾道八年春天，辛弃疾被派任滁州知州的经过。

淮南的滁州（今安徽省滁州市），北宋著名的文学家欧阳修，曾在这里做过一任太守。他守滁时写的那篇《醉翁亭记》，脍炙人口。欧阳修离任时，又写过一首《别滁》诗："花光浓烂柳轻明，酌酒花前送我行。我亦且如常日醉，莫教弦管作离声。"可见那时的滁州，是个风光绮丽，物阜民丰的好地方。

但是，自从"靖康之难"，北方沦陷，滁州就成为宋、金两国接壤，经常用兵的地方了。

滁州位于淮西军事重镇庐州和淮东军事重镇楚州、扬州之间，战略地位十分重要。滁州城西北有清流山，当群山的缺口，握江、淮二水的冲途，五代末年赵匡胤曾在此处大破南唐的军队。滁州东境有瓦梁堰，是三国时期的吴人筑垒拒魏兵南犯的地方。到女真侵犯南宋，也常常先用兵出濠州破滁州，方能在两淮地区站住脚跟。由于滁州位处军事要冲，公元 1163 年，孝宗隆兴元年，南宋发动“符离战役”，先胜而后败，军事的进退给滁州造成了严重的创伤。正如上述《滁州奠枕楼记》所说的那样，“滁人阙守”。滁州经过战乱之后成为荒僻的地方了，连知州也出缺了。是朝廷派不出官员吗？绝不是，而是那些养尊处优而又贪生怕死的官僚们不愿到这个地方来了。于是，这副沉重且艰难的担子便落到辛弃疾的头上。

辛弃疾欣然地接受了朝廷的委任。他是怀着报国的理想，到这个战乱后无人肯到的地方，做一番事业而来的。这种我不入地狱谁入地狱的精神，又一次证明了辛弃疾是一个言行一致的英雄汉。

辛弃疾到任的时候，滁州是个啥样子呢？《滁州奠枕楼记》说：“辛侯幼安，至之日，周视郛郭，荡然成圩，其民编茅藉苇，寄于瓦砾之场，庐舍不修，行者露盖，市无鸡豚，晨夕之须无得。”欧阳修时代那种“花光浓烂柳轻明”的繁华景象看不见了，老百姓在战后的“瓦砾之场”搭了一些茅草棚居住，早晚两顿饭都成了问题，一片萧条衰败的情景。

从现在能够看到的极有限的历史资料，可以看出辛弃疾还是比较懂得治衰拯乱的办法的。《宋史·辛弃疾传》载："出知滁州。州罹兵烬，井邑凋残，弃疾宽征薄赋、招流散、教民兵、议屯田。"他积极地采取了一系列医治战争创伤的有效措施。

滁州在十年间，接连不断地遭受到兵燹和天灾，人民生活极端困难，但是以往的执政者对这个地区同承平地区一样征收租赋，人民负担不起，只得逃亡他处或躲进深山，致使滁州更"民瘠而贫""舟车罕至"，经济越来越萧条。辛弃疾到任后，断然采取了予民休息的政策，他给南宋政府写了一份《谢免上供钱启》，请求豁免州民欠交的租赋钱，并且还决定："凡商旅之过郡，有输于官，令减旧之十七。"务在沟通与外地的商品交流，繁荣市场。"侯又陶瓦伐木，贷民以钱，使新其屋。"使老百姓有房屋可住。辛弃疾采取了这些予民休养生息的措施之后，滁州当年"夏麦大熟，商旅坌集，榷酤之课倍增，流亡复还，民始苏。"(以上引文均见《滁州奠枕楼记》)

在滁州人民的生产、生活初步得到稳定的时候，辛弃疾又在旧日颓废不治的市区里，兴建了一座新市场——"繁雄馆"，使行商坐贾往来贸易有了一个场所。在"繁雄馆"的上坡，修建一座"奠枕楼"，供州民在闲暇之时登临游览。在治滁短短的两年内，辛弃疾的政绩已相当显著。

辛弃疾治滁大见成效，表现了他具有卓越的政治才干，他首先是一个不可多得的政治家，至于从事文学创作，只不过是他的余事而已。

辛弃疾治滁时期，创作不多，而且大多为交际场合的应酬之作。《木兰花慢 · 滁州送范倅》，是较有特色的一首词作：

老来情味减，对别酒，怯流年。况屈指中秋，十分好月，不照人圆。无情水都不管，共西风只管送归船。秋晚莼鲈江上，夜深儿女灯前。

征衫便好去朝天。玉殿正思贤。想夜半承明，留教视草，却遣筹边。长安故人问我，道愁肠殢酒只依然。目断秋霄落雁，醉来时响空弦。

公元 1172 年的秋天，滁州通判范昂任满调职，这是辛弃疾写的一首送行词。

起首第一句就说“老来情味减”，那年才 33 岁的辛弃疾，为什么就说自己老了呢？并不是因为辛弃疾的官阶比被送行的范昂高一些，他倚老卖老，摆老资格。辛弃疾是有深意包含在其中的。全句的意思是：我老了，年轻时那样的兴致和趣味已经大大减退了。辛弃疾年轻时又有些什么兴致和趣味呢？他起于戎马之间，攻城陷阵，追杀叛徒，后率兵南归，那时是怎样的一种情势？现在的辛弃疾回首往事时，感到一事无成，过去的一切是那么遥远似的，因此也就很自然地产生“老”了的感觉，这种叹“老”的情思，是对青年时代怀抱壮志的一种遗恨，也是一种对现实处境的不满和抨击！但也可以看成是一种反语，究其实情，辛弃疾的“情味”何曾略见消减呢？只要看看下文就知道了。“对别酒，怯流年”。这是同朋友分手的时候，对年华的流逝，忽而感到的一种怯惧。其实就是壮志未酬，在情绪上的一种压抑。在这里，可以看出辛弃疾时时、事事、处处，对自己的处境都是深抱不平的。“况屈指中秋，十分好月，不照人圆。”笔锋一转，转到眼前的别筵上，正是中秋好月，月圆而偏偏人要离别，这不是更使人遗憾吗。“无情水都不管，共西风只管送归船。”对朋友惜别之情又进一步以眼前的流水和西风作比喻，怨恨那不懂人情的江水，全不顾人们离别的痛苦，只管和西风一起把载着朋友的船送走。感情也来一番起伏跌宕。“秋晚莼鲈江上，夜深儿女灯前。”这是设想范昂来日回到家里能够享受到故乡之爱和天伦之乐的情景，餐桌上有故乡的鲈鱼和莼菜，以及夜深人静，在灯火前同儿女们的款款谈心。写到这里，作者在过片中又突转一笔，“征衫便好去朝天。玉殿正思贤。”表示劝勉范昂不要忘情于故乡之爱和天伦之乐，应当趁着征衫未脱的时候去朝见天子，因皇上在官廷里正盼着贤德的人去帮助料理国家大事呐！在这里，作者那种时刻关怀着国家大事的心情卓然纸上了。“想夜半承明，留教视草；却遣筹边。”作者又加重一笔，说是料想那样一个时刻，皇上深夜还把你留在宫里，检视翰林院起草的诏书，并且又会派遣你去前方筹划军事。辛弃疾用这些想象之词，鼓励范昂努力为国家做些事情，因为国家是重视人才的，与“秋晚鲈江上，夜深儿女灯前”作照应，劝朋友不要只沉醉于儿女温情，作者的用意却是相当明了的。“长安故人问我，道愁肠殢酒只依然。”这是作者自谦之词，愁肠殢酒，顽劣之性未改，似乎无面目再对故人；其实这又是作者的牢骚语，说自己仍然同过去一样，借酒浇愁，言外之意是说壮志未伸，事业无成，还是旧日的境况。“目断秋霄落雁，醉来时响空弦。”作者的收笔颇出人意料，他在这里说，看吧，那秋空中翻身跌落的大雁，原是我醉时偶然弹响那弓弦，使大雁失惊跌了下来。“弓弦”是指打仗用的武器，作者说自己在醉中也不忘抚弄弓弦，而竟使空中大雁失惊翻落，以此证明自己仍未忘情疆场的戎马生涯，虽“老”而还堪一用。辛弃疾借欢送朋友离任的机会，用国家大事来劝勉朋友，同时也表明自己的初衷，尽管经受挫折，还是没有丝毫改变。

辛弃疾驻守滁州时期，思想感情还是昂扬的，这是因为他南归后首次出任一州之长，得以施展他的政治才干，而且又取得相当显著的政绩的缘故。辛弃疾在另一首词作《声声慢·滁州旅次登奠枕楼作，和李清宇韵》，可资佐证。他写道：

征埃成阵，行客相逢，都道幻出层楼。指点檐牙高处，浪涌云浮。今年太平万里，罢长淮、千骑临秋。凭栏望：有东南佳气，西北神州。

千古怀嵩人去，还笑我、身在楚尾吴头。看取弓刀陌上，车马如流。从今赏心乐事，剩安排、酒令诗筹。华胥梦，愿年年、人似旧游。

描写滁州经过了休养生息之后，社会面貌有了很大的变化，往日废圩而今"征埃成阵"，"瓦砾之场"竟出现了"檐牙高处"的"层楼"，祖国的东南一角有了"佳气"。"看取弓刀陌上，车马如流。从今赏心乐事，剩安排、酒令诗筹。"作者那喜悦的心情实在掩饰不住了！

有人认为这是辛弃疾守滁时的作品。作品的创作年代，倒是值得斟酌的。我们试揣摩词意，特别是词题标明是"滁州旅次登奠枕楼作"，似是作者离任后重到滁州时的作品。因为辛弃疾守滁只有两年，一个"百废待举"的地方，在两年之内由旧日那种荒凉变成今日的一片繁华，恐怕时间上是有问题的。况且词题既说是"旅次"，若辛弃疾写于任上的话，他不会用"旅次"的字眼。同时，这首词作的结句说："华胥梦，愿年年、人似旧游。”这是作者点明是旧地重游的意思，更证明此作是辛弃疾离任后，重临旧地之作。但无论如何，这首词作反映了辛弃疾守滁时的生活和情感是无可怀疑的。根据这一点，把它算作是辛弃疾守滁时的作品也可以。

总结辛弃疾守滁时期的创作，在艺术上值得注意的，还是那首《木兰花慢·滁州送范倅》。它在艺术构思上，层次鲜明，用对比照应的方法，使意境逐步在感情的推宕中展开。先写自己方面的因“老来情味减”，面对别筵，更是“怯流年”，这是一层。“况……中秋……好月”，偏又“不照人圆”，于是又递进了一层。“无情水”，“送归船”更把那离人的情绪推向胶结状态，然而话没有说尽，忽转到朋友归家后的天伦欢乐，一悲一喜，对照鲜明，笔势跌宕有致。下阕首先放手去写“征衫……去朝天”，“夜半承明……却遣筹边”。写到酣畅之处，却转到“长安故人问我”，抒写自己的胸襟怀抱。“道愁肠殢酒依然。”是借用唐人旧意，但当写出“目断秋落雁”，使旧意又有了新鲜的内容，可谓化腐陈为神奇。全词有实有虚，而“醉来时响空弦”，虚中实写，实为神来之笔，使人叹为观止。这一结语，就像一段软软细语之后，突然一阵紧锣密鼓，或惊堂木一拍，使柔中有刚，阴中有阳，刚柔杂糅，豪迈的气势夺面而来。这“目断秋霄落雁”句，是最能表现稼轩词的风格的。

本时期还写了一些寿词小令，大都是应景之作，构思没有多少特色，造句遣词同唐宋诗人一般的律绝近似。但是，辛弃疾在艺术上已做出了可贵的探索，虽有一些平庸的作品，仍不能掩盖他取得的成就。

六、断鸿声里，游子情怀

公元 1174 年，孝宗淳熙元年的一个秋日黄昏，35 岁的辛弃疾，又一次登上了建康城楼上的赏心亭。眼前风物依然，但屈指算来，却阔别六个年头了。

辛弃疾自然不会忘记，公元 1168 年，乾道四年，他在建康通判任上的时候，曾经挥笔写过一首《念奴娇 · 登建康赏心亭，呈史留守致道》。旧地重游，物是人非，当年的建康留守史致道已经调到四川去了，而辛弃疾如今却以江东安抚司一个参议官的身份重到建康。经过这些年来的宦海沉浮，作为政治家的辛弃疾，他对社会世情，自是有了更深的体察和理解。治理滁州获得成功，他是感到高兴的，同时也越发相信自己是有才干的，是能够有所作为的。但是，他还是一个位卑职微的人，他一心向往的统一祖国大业，至今仍然毫无进展。他要献身于这样的大业，而朝廷却一直没有把他放在能够施展他的才干的位置上。他雄心似火,而朝廷的政治却还是那样停滞不前。一个有志之士,能不痛苦?能不探索?这一次重上赏心亭,凭栏远眺,感兴情怀,他便忍不住又一次拿起笔来,填词以寄意了。《水龙吟·登建康赏心亭》是这样写的:

楚天千里清秋,水随天去秋无际。遥岑远目,献愁供恨,玉簪螺髻。落日楼头,断鸿声里,江南游子。把吴钩看了,栏干拍遍,无人会,登临意。

休说鲈鱼堪脍,尽西风,季鹰归未?求田问舍,怕应羞见,刘郎才气。可惜流年,忧愁风雨,树犹如此!倩何人、唤取红巾翠袖,揾英雄泪?

辛弃疾是怎样从滁州又调到建康的?据《宋史·辛弃疾传》载:"辟江东安抚司参议官,留守叶衡雅重之。"六年前,辛弃疾任建康府通判时,就结识了当时担任淮西军马钱粮总领(治所在建康)的叶衡,两人志同道合,友情颇深。六年后,叶衡改任江东安抚使(治所仍在建康),便举荐辛弃疾来江东安抚司担任参议官。但是,这样的一个职位,仍然是个闲散的差使,充其量不过是一个幕僚罢了。何况,辛弃疾调到江东安抚司不久,安抚使叶衡便被朝廷调到临安去了。《水龙吟·登建康赏心亭》,当是写于叶衡调离以后。

有人认为,此词为辛弃疾30岁时在建康通判任上所作。

细玩《念奴娇·登建康赏心亭,呈史留守致道》与《水龙吟·登建康赏心亭》,两首词作的思想情绪是不大一样的。《念奴娇》这首词虽然也流露了“宝镜难寻,碧云将暮,谁劝杯中绿”的感慨之词,但觉得仍是作者内心深处的一种淡淡的隐痛。也有人认为“盖当南归之初,自身之前途功业如何,尚难测度”。牢骚是有的,但还不是很深、很沉重的。辛弃疾当时的心境似是如此。所以,《念奴娇》的感慨,还是着眼于“只有兴亡满目”,悼兴亡是主要的。但是《水龙吟》那种积郁不抒之情,比起《念奴娇》要深、沉得多,痛苦得多。况且,词中有“树犹如此”一语,这是旧地久别又重游之意。因此,把此词编在辛弃疾任江东安抚司时期所作,是较为合理的。

“楚天千里清秋,水随天去秋无际。”作者站在赏心亭上,纵目眺望千里大江,水天浩茫,秋意无边,境界写得十分广阔。“遥岑远目,献愁供恨,玉簪螺髻。”远远望去,大江北面的远山,就像那美人头上碧色的玉簪和螺形的发髻,是那么妩媚,那么诱人!可是,眼前美丽的祖国山河,此刻却只能引起人们的忧愁和遗恨而已。一句“献愁供恨”,就把眼前悦人耳目的美景添上了一层灰暗的情调。这是为什么?作者虽没有明说,但读者不难领会,辛弃疾此时向北远眺的祖国壮丽山河,已经沦落在金人的手中了。辛弃疾无时不忘国难当头,无时不以恢复故土为己任,这是又一生动的旁证。这是全词的主旨，是作者感情波澜的源头。“落日楼头，断鸿声里，江南游子。”夕阳正斜挂在城楼的箭垛上，一只离群的孤雁一声声凄然地叫着飞去。这是怎样的一个环境呢？“落日”，已使人有迟暮之感；“断鸿”，又使人产生孤凄的意绪。所有这些，对于一般人也许引不起什么来，但是对于一个流落在异乡“江南”的远方游子来说，他本来心里就有无限的伤感，再加上面对如斯环境，感情的寂寞和痛苦就更加沉重了。这个地方，就很有点儿“典型环境典型性格”的意味。但是，作为政治家的辛弃疾，他绝不是抒发纯属个人的离愁，他接着说：“把吴钩看了，栏干拍遍，无人会，登临意。”他看了又看腰间的宝剑，站在亭阁上愤慨地敲打着身旁的木栏杆，他问——又有谁个能够理解，他此时的心境。有人说，辛弃疾这篇《水龙吟》，实不亚于王粲的《登楼赋》（见《白雨斋词话》）。王粲的《登楼赋》又怎能和它相提并论呢？《登楼赋》只是抒发了一般士大夫文人们“失遇”的感情，而辛弃疾抒发的却是一个时代，一个民族受压抑、受蹂躏而奋起抗争的精神！“休说鲈鱼堪脍，尽西风，季鹰归未？求田问舍，怕应羞见，刘郎才气。”怀才不遇，是可以使人消沉的。比如封建社会的士大夫们，一般都有所谓“穷则独善其身，达则兼济天下”的想法，在仕途找不到出路的时候，或归隐终南啦，或回到乡间添置点田庄享清福啦，虽说这也是对统治阶级的一种消极反抗，不能过于低估。辛弃疾却不然，他鄙视西晋时的那个张季鹰，贪图家乡的鲈鱼脍和莼菜羹，而弃官不仕；他也蔑视三国时那个只知求田问舍的许汜，说这种人若见到当时胸怀雄才大略的刘备，岂不要羞愧死！这就表明，辛弃疾的确不同于一般落魄士大夫的那种见识，他把不遇于时看作是暂时的，在字里行间掩饰不住他的积极、乐观的思想情绪。“可惜流年，忧愁风雨，树犹如此！”在这里，作者又借用了晋朝桓温北征时的一个典故。桓温见到他早年种的柳树已长得很粗大了，便感慨说：“木犹如此，人何以堪！”于是攀枝执条，泫然泪下。辛弃疾在这个地方，同样表达了对时光白白流逝的感叹。时间的紧迫感不是一种虚设的，而是有实指的。对于人民，特别是对于当时北方沦陷区的人民来说，时间的流逝就是意味着被压迫被奴役的加深。对于辛弃疾个人来说，他南归已有 12 年了，时光流失了，生命消逝了，而恢复失地却还是遥遥无期，赏心亭畔的树木也都长大了，睹物伤情，能不感慨系之！“倩何人、唤取红巾翠袖，揾英雄泪？”感慨至极，不禁失声痛哭了，但是又有谁人请来个多情的姑娘，为英雄拭干那忧国伤时的热泪呢？

这是一篇悲愤的、感慨至深的、壮怀激烈的爱国词作。它是作者的一篇宣言书，它向同时代的以及后代的世人，宣告词人不屈不挠的恢复故国河山的雄心壮志。这首词作的价值，是可以与岳飞的《满江红》同垂青史的。

壮志难酬的苦闷，像阴霾密布时的低气压使人窒息，也像梦魇一般折磨着辛弃疾。他有时来到六朝宫殿的遗址，看到旧日那雕梁画栋荒废了，便发出“三十六宫花溅泪，春声何处说兴亡”的感喟(《酒泉子·无题》)，月到中秋了，他怀着满腔悲愤，“把酒问姮娥：被白发、欺人奈何！”叹息时光的流失，并且发出“斫去桂婆娑，人道是、清光更多。”(《太常引·建康中秋夜为吕叔潜赋》)这是富于浪漫主义精神的遐想，希望有一个更加光明的世界。

辛弃疾在滁州任知州的两个年头，从事战后废墟的重建工作，那样的担子又沉重又艰苦。但是，辛弃疾能与人民同甘苦，看到理想的逐步实现，他是乐观的。这次重返建康，那清闲的职位，倒使他陷进了重重的矛盾和苦闷之中。请看另一首《水调歌头》，这种情怀可谓表现得淋漓尽致了。他写道：

落日古城角，把酒劝君留。长安路远，何事风雪敝貂裘？散尽黄金身世，不管秦楼人怨，归计狎沙鸥。明夜扁舟去，和月载离愁。

功名事，身未老，几时休？诗书万卷，致身须到古伊周。莫学班超投笔，纵得封侯万里，憔悴老边州。何事依刘客，寂寞赋《登楼》。

细品词意，这首《水调歌头》似是送一位友人到临安赴任之作。虽说是送行词，但颇能说明作者此时此刻的心境。

在滁州，辛弃疾写过一首《木兰花慢・滁州送范倅》。那时是怎样的一种情绪？他鼓励范昂，“征衫便好去朝天。玉殿正思贤。”是一种积极的入世思想。但是，到了这首《水调歌头》，却说出“长安路远，何事风雪敝貂裘”的话来了。“散尽黄金身世，不管秦楼人怨，归计狎沙鸥。”竟然劝说友人，不要怜惜那黄金般身世，也不要去管家里老婆的埋怨，还是不要做官，回到家乡同那些无忧无虑的鸥鸟做伴为好。两个时期，两种思想，同是一个辛弃疾，竟然判若两人。这怎么解释？这只能说明作者此时的心情是痛苦的，他对前途感到失望，悲观的想法也就产生，思想上的矛盾于是暴露出来了。“何事依刘客，寂寞赋《登楼》。”是作者感叹自己的身世，他此时在江东安抚司任参议官，地位、处境很有点儿像东汉末年依附荆州刘表的那个王粲。他嘲笑王粲写那篇《登楼赋》又有什么用呢。嘲笑他人，其实是自我嘲笑，作者心里的愤懑和痛苦是可以想见的。

然而，辛弃疾任江东安抚司参议官只有几个月，于同年冬天，便奉调到临安，任仓部郎官了。辛弃疾这次升迁，自然是由于新任宰相叶衡的举荐。据《宋史・辛弃疾传》载：“衡入相，力荐弃疾慷慨有大略。召见，迁仓部郎官。”

仓部郎官是掌管皇粮禄米的一个朝廷官员,官阶不高,但在朝上当个京官,比在地方当个普通的官吏,升迁的机会要多一些,这想来是叶衡举荐的一个用意。

叶衡是很欣赏辛弃疾的才干的,辛弃疾自然也十分感激这种知遇之恩。辛弃疾在安抚司任上,就曾多次呈献作品给叶衡,表现了他们之间亲密的关系。叶衡晋京后,辛弃疾写过一首《菩萨蛮·金陵赏心亭为叶丞相赋》,写:"青山欲共高人语,联翩万马来无数。烟雨却低回,望来终不来。"作者把自己比作"联翩万马","欲共高人语"的"青山",叶衡自然是那样的一个"高人"了,"烟雨却低回,望来终不来",以"烟雨低回"比喻盼望"高人"到来的心境,"望来终不来",相思之情是那样地迫切情真。另一首《一剪梅·游蒋山,呈叶丞相》,也是描写朋友之情的,"独立苍茫醉不归"写自己在苍茫暮色之中对朋友的怀念,很有点儿像杜甫《春日怀李白》所写"渭北春天树,江东日暮云"的意味。辛弃疾奉调临安之后,接连又写了《摸鱼儿·观潮上叶丞相》以及《洞仙歌·寿叶丞相》,先后共四首作品,这是辛弃疾单独写给一个人的词作,数量可谓空前,由此足见他们两人交往的情深。

本年,辛弃疾的词作,题材有了扩展与变化。虽然还是朋友往还,写景抒情之作居多,但开始突破一般登临怀古的藩篱,向生活的广度和深度更多方面发展。除了赠别之作,还有写山的,写月的,写文物遗迹的,特别值得指出的是那首《摸鱼儿·观潮上叶丞相》,写了钱塘观潮的盛况,对象是眼前的人物和生活。作者不只是写吊古伤今一类的题材了。

《白雨斋词话》说:“辛稼轩,词中之龙也,气魄极雄大,意境却极沉郁。”雄大与沉郁,确是辛词创作的特点,而这样的特点,这时似近于成熟了。如果说,辛弃疾在公元1168年写的《念奴娇·登建康赏心亭,呈史留守致道》,还可以看出学步前人的某些痕迹的话(例如同苏轼的《念奴娇·赤壁怀古》相比),那么,本时期创作的《水龙吟·登建康赏心亭》,若试与苏轼的同类题材的《水龙吟》相比,虽两篇名作各有千秋,但辛弃疾的却显得略胜一筹。同是写大江景色,辛弃疾的更富于气势些;同是抒发一种不快意的感情,辛弃疾的要深沉些;苏轼在词中写道:“念故人老大,风流未减,空回首、烟波里。”没有辛弃疾的“把吴钩看了,栏干拍遍,无人会,登临意”那样龙腾虎跃,气势迫人且形象完整。

在祖国的文苑里,辛弃疾以自己的作品,跨进名家的行列。

七、提点刑狱

如同抗金名将岳飞有过镇压钟相、杨太农民起义军的劣迹一样，词人辛弃疾在江西提点刑狱任上，也曾带兵扑灭过赖文政领导的茶商军。公元 1175 年，孝宗淳熙二年夏四月，赖文政领导的茶商军在湖北起义，接着转入湖南、江西，多次打败官军。宋孝宗不得已下诏书："如能捕杀贼首之人，每人捕获或杀贼首一名，特补进武校尉，二人承信郎，三人承节郎，四人保义郎，五人成忠郎，各添差一次，五人以上取旨优异推恩。"（见《宋会要》一七八册《捕贼》下）企图在重赏之下，迅速消灭起义军。但是，起义军仍然到处打击官军。明州观察使、江南西路兵马总管贾和仲，因轻敌败绩，被除名勒停，送贺州编管。新江西路提刑方师尹，因临阵畏怯，不敢到职。于是，南宋政府在公元 1175 年，淳熙二年的六月间，任命仓部郎中辛弃疾为江西提刑，节制诸军，进击茶商军。闰九月，辛弃疾杀赖文政，茶商军遂平息。辛弃疾为南宋政权立了一"功"，受到皇帝的嘉勉，得到一个"秘阁修撰"的荣誉衔。这段历史，是辛弃疾从政生涯的一个污点。

但是，行阵打仗之事，在辛词中却极少涉及。就如同辛弃疾青年时代在故乡参加起义军，那戎马生涯没有留在他的词作里一样。艺术表现生活，是比较复杂的。戎马倥偬之际，无暇顾及那些雕虫余事，这可能是原因之一；此外，吟诗填词这件事，原是比较雅致的，抒情写意，哪能有闻必录？所以，词章一道，无论是豪放派如苏轼、辛弃疾，还是婉约派如周邦彦、李清照，都是把它视为言志的一种工具，只是通过它表达作者的某种思想情怀，或托物寄意，或直抒胸臆罢了，泥题写实是词家所忌的。况且历来有所谓诗庄词媚、诗硬词软、诗平词皱、诗直词曲、诗外放而词内敛的说法。诗多表现显意识的活动，词多表现潜意识的活动，因此，要求在词作中索隐历史上的某某事，那是很困难的。对待辛弃疾的词作，当然也应作如是观。如果我们把辛弃疾那些词曲的标题或小序删去，那我们就几乎难以判别这些作品作于何年何地，是在何种情况下创作出来的。

我们可以试看辛弃疾写于公元 1175 年的一首《满江红·赣州席上呈太守陈季陵侍郎》，原词是这样的：

落日苍茫，风才定、片帆无力。还记得、眉来眼去，水光山色。倦客不知身远近，佳人已卜归消息。便归来、只是赋行云，襄王客。

些个事，如何得？知有恨，休重忆。但楚天特地，暮云凝碧。过眼不如人意事，十常八九今头白。笑江州、司马太多情，青衫湿。

这是写给赣州太守陈季陵的一首词。辛弃疾在对茶商军用兵的过程中，得到陈氏在后勤补给方面的大力支援，两人因此成了莫逆。据同治《赣州府志》卷四十二《名宦篇》载：“江西宪臣辛弃疾讨贼，天麟（即季陵）给饷补军。事平，弃疾奏：今成功，实天麟之方略也。”这首《满江红》很可能是写于平定茶商军之后不久。但是，在这首词里，有暗示他们平茶商军这件事吗？看不出来。从试题知道，它是写于一次酒筵上，是什么酒筵？是洗尘，是话别，不得而知。我们只知道，在筵席上，那位陈季陵太守情绪不大好，多少有些苦闷。“知有恨，休重忆。”把问题透露出来了。又因为它说的是“知有恨”，有恨的人不是作者本人，说的是陈季陵“有恨”，是明白无疑的了。可能陈季陵经过宦海升沉，有归家之意。“倦客不知身远近，佳人已卜归消息。”可作注脚。陈季陵于淳熙三年任满去职，因此也可能就要任期届满了，颇有倦游、思家之意。“过眼不如人意事，十常八九今头白。笑江州、司马太多情，青衫湿。”这是劝勉陈季陵的话，“不如意事十常八九”，劝他对事情不要太拘执。

从史实看来，辛弃疾和陈季陵在平定茶商军后都是得到朝廷奖赏的，在这种仕途得意的情况下，依常理，他们两人应当是因为“胜利”而喜悦的，但是，写于“胜利”“得意”之时的作品，竟又是一种低沉的调子。所以，历史与创作，毕竟不同，很难生硬地以史去证诗。

写于公元 1175 年或 1176 年的《菩萨蛮 · 书江西造口壁》，有人说它是有实指的，如罗大经在《鹤林玉露》卷四说：“其题江西造口……盖南渡之初，虏人追隆祐太后御舟至造口，不及而还，幼安自此起兴。‘闻鹧鸪’之句，谓恢复之事行不得也。”这就未免穿凿附会了。试看原词：

郁孤台下清江水，中间多少行人泪。西北望长安，可怜无数山。

青山遮不住，毕竟东流去。江晚正愁余，山深闻鹧鸪。

这首词无疑是写国家兴亡之恨的。罗大经认为：“虏人追隆祐太后御舟至造口，不及而还，幼安自此起兴。”据《宋史 · 后妃传》未载金兵追至造口事。其实，又何必把“隆祐太后”搬出来呢。清江水里都是行人泪，这本来已极言乱离社会人民的痛苦了。郁孤台古称望阙台，唐朝的刺史李勉曾在此登高望远，思念京华长安。辛弃疾来到郁孤台，自然想到李勉望阙的故事，可是如今的长安，却已沦入金人的手里，所以“西北望长安，可怜无数山”，疆土沦亡之痛是非常深切的。“青山遮不住，毕竟东流去。”写那奔腾东去的赣江，冲决重重山梁险障，勇往直前，作者辛弃疾对自然界的大江流露出了不胜羡慕之情。“江晚正愁余，山深闻鹧鸪。”感叹恢复中原的壮志难酬，人反不如江水。然后又听到声声凄叫的鹧鸪啼声，就更加深了作者的悲凉情绪。形象本身提供给我们的意境似是这些，又何必把鹧鸪啼声“行不得也哥哥”，引申为“谓恢复之事行不得也”呢！

值得注意的倒是辛弃疾在升官晋爵，正走好运的时候，他并不因为个人仕途遇到某些顺境而沾沾自喜，他也没有在作品中歌颂朝廷的恩典，反而时时不忘恢复故国大业，他那爱国主义的思想感情比以往表现得更强烈、更深沉，这实在是难能可贵，这也是他之所以超越前辈词人的地方。

担任江西提点刑狱这个要职的辛弃疾，此时已经成为南宋皇朝的一路诸侯了，因此，他有时候也表现得踌躇满志。《水调歌头·和王正之右司吴江观雪见寄》，可作佐证。他是这样写的：

造物故豪纵，千里玉鸾飞。等闲更把，万斛琼粉盖玻璃。好卷垂虹千丈，只放冰壶一色，云海路应迷。老子旧游处，回首梦耶非。

谪仙人，鸥鸟伴，两忘机。掀髯把酒一笑，诗在片帆西。

寄语烟波旧侣：闻道莼鲈正美，休裂芰荷衣。上界足官府，汗漫与君期。

这时的辛弃疾，不是司农寺小吏时代的辛弃疾了，那时是“诗酒皆非”，春天本来是一年中最能媚人的，但它那时在作者的眼里却是“春色如愁”“任他鶗鴂芳菲”（《新荷叶·再和赵德庄韵》）。如今，肃杀的冬天，在作者的眼中却有“造物”的“豪纵”，纷纷扬扬的白雪，也成了千里飞翔的“玉鸾”了。辛弃疾在公元1167年，曾流落吴江长达两年之久，当时上书《美芹十论》不被采纳，景况可谓很不佳，但是现在他回忆这段往事时，却显得轻松惬意，“老子旧游处，回首梦耶非”，带着微笑去回忆往日经历过的不愉快了。

词题表明，这是写给友人王正之的一篇词作，而当时王正之的处境是很不好的。据《宋会要》一〇一册《黜降官》第八记载，淳熙二年闰九月十九：“右司员外郎王正己（即王正之）放罢。以言者论其所居之职，废法徇情，为害滋甚，故有是命。”辛弃疾作词给王正之，正是王正之被黜贬归乡，心情极不好的时候，但是辛弃疾却称王正之是“谪仙人”，“掀髯把酒一笑，诗在片帆西”，也许王正之是个陶渊明式的飘逸人物，如若不然，读到辛弃疾这首词作，他将做何感想呢？稼轩词，人称“沉郁悲壮”，这一篇词作，却是个小小的例外。

八、二年历遍楚山川

平定茶商军，辛弃疾为南宋朝廷立了一功，因此得到当局的赏识，在仕宦的道路上开始进入比较得意的时期。

公元 1176 年，孝宗淳熙三年的秋冬之交，辛弃疾被任命为京西转运判官。京西路下辖襄阳府、光化军及邓、随、金、房、均、郢、唐七个州。转运判官职掌一路的钱赋，是个重要的差使。判官之上，有都转运使、转运使、副使，按资历深浅分别授予。因辛弃疾资望尚浅，只授予判官，但职权却与都转运使、转运使或副使是相同的。

关于对辛弃疾的拔擢，在南宋政府内曾有过争议。负责枢密院的王淮，认为平定茶商军赏功太滥，主张裁减，自然牵涉到对辛弃疾的奖升问题。但宋孝宗还是决定授予辛弃疾"秘阁修撰"，实职担任京西转运判官。

公元 1177 年 2 月，南宋政府又进一步提拔辛弃疾，任命他知江陵府，兼湖北安抚使，把一路军政大权交给了他。

半年后，即公元 1177 年冬，又调任辛弃疾知隆兴府，兼江西安抚。

又过了不到半年，即公元 1178 年 3 月，朝廷又召辛弃疾为大理少卿，做了京官，掌握着中央的司法、审判大权。

走马灯似的升调，对于辛弃疾来说，确乎是“皇恩浩荡”“赏赐有加”了。

这是辛弃疾“春风得意”的时代。可是，他在作品里又是怎样表现的呢？

有一首《水调歌头》，颇能表现他此时的地位和心境的。辛弃疾在这篇词作里附了一个小序：“淳熙丁酉，自江陵移帅隆兴，到官之三月被召，司马监、赵卿、王漕饯别。司马赋《水调歌头》，席间次韵。时王公明枢密薨，坐客终夕为兴门户之叹，故前章及之。”可知此词作于到任隆兴只有三月，即接召赴临安，其时隆兴府的各位要员有司马汉章等人设宴送行，辛弃疾的次韵司马汉章，是这时写成的。

辛弃疾写道：“我饮不须劝，正怕酒尊空。”他在筵席上以豪气自负，正是他生平得意的反映。那种颐指气使，在朋友面前纵情豪饮，实在显露无遗了。那时，正好传来枢密使王炎去世的消息，席间颇有人感叹，但辛弃疾却说：“头上貂蝉贵客，苑外麒麟高冢；人世竟谁雄。”他拿生者与死者相比，问道:到底谁是英雄? 接着又写道:“一笑出门去,千里落花风。”充分表现了作者的傲岸不群、气盛自负的思想情绪。在下片里说道:“孙刘辈,能使我,不为公。余发种种如是,此事付渠侬。”孙、刘二人,是三国时的中书监刘放、中书令孙资。当时;两人用事于朝廷,大臣们都去巴结奉承,独大臣辛毗不与往来,辛毗曾说:“不过令吾不作三公而已,何危害之有焉。”辛弃疾借用此典,表白他绝不作那些奔走于权势之门以谀媚为能事的小人,不能为了做官而出卖灵魂。这也是辛弃疾的心里话,可以看作是他生平的写照。但是,辛弃疾作为封建社会的臣民,对皇权是作为偶像去崇拜的。这首词的末句是说“毫发皆帝力,更乞鉴湖东”。说明他那傲岸耿介是有一定限度的,对于“帝力”,他就一味顶礼膜拜了,竟至于“毫发”也是“帝力”赋予的了。

《鹧鸪天 · 离豫章,别司马汉章大监》,有句:“聚散匆匆不偶然,二年历遍楚山川。”却颇为真实地反映了辛弃疾在近两年内升迁频繁,奔走劳碌的情形。有点儿“孔席不暇暖,墨突不黔炊”的味道。

“二年历遍楚山川”,辛弃疾在这个时期的作品,有不少是写他这种旅况生活的。这在《稼轩词集》中,增添了表现生活的一个新鲜侧面。

“人历历,马萧萧。旌旗又过小红桥。愁边剩有相思句,摇断吟鞭碧玉梢。”(《鹧鸪天·东阳道中》)作者当时的心境是轻松愉快的,话虽也说“愁边”,但那不是忧愁的“愁”,而是为了寻觅词章佳句“相思句”,构思过程中苦恼的“愁”。

“献枕橹声边,贪听咿哑聒醉眠。梦里笙歌花底去;依然,翠袖盈盈在眼前。”(《南乡子·舟行记梦》)写他旅途在船上,橹声咿哑,带着三分酒意,朦胧中做了一个梦:歌伎们唱了几支曲子后,隐约似地藏到花丛里去了。一觉醒来,那些歌女们的花袖子仿佛还在眼前呢!辛弃疾此时的生活,是过得多么惬意,仿佛一点儿牢愁也没有了。

真的,他好像有些超然物外了。“吴楚地,东南坼。英雄事,曹刘敌。被西风吹尽,了无尘迹。”(《满江红·江行,简杨济翁、周显先》)他途经三国时魏、蜀、吴的古战场,要是往日,他辛弃疾又可能大发其感慨了,但如今只用一句“被西风吹尽,了无尘迹。”把一切都打发走了。

平定茶商军之后,在辛弃疾的作品中,谈论国家兴亡这个重大主题,好像少了,情感也淡薄了。《西江月·江行采石岸,戏作渔父词》便是一个突出的例子。辛弃疾写道:

千丈悬崖削翠,一川落日镕金。白鸥来往本无心,选甚风波一任。

别浦鱼肥堪脍,前村酒美重斟。千年往事已沉沉,闲管兴亡则甚?

采石岸，在安徽当涂县西北，是长江沿线最狭窄的口岸。历代南征北讨，多在此处渡江。东汉兴平二年孙策渡江攻刘繇，晋咸宁五年王浑帅师取吴，梁太清二年侯景渡江取建康，隋开皇九年韩擒虎济师破陈，宋开宝七年曹彬渡江灭南唐，绍兴三十一年虞允文大破金主完颜亮南犯敌军，都在这个地方。古往今来，系国家兴亡的许多军事行动，真乃比比可举。我们这时可能会想象，辛弃疾来到这个地方，当会击节高歌，振衣起舞，写出不亚于《念奴娇·登建康赏心亭，呈史留守致道》那样的作品来。但是，事实上辛弃疾路过这个地方的时候，竟大出人们所料，居然只是吟咏那江湾里的鱼儿正肥的时候呀，可以尝到鲜美的鱼片啦；岸上那酒家听说备有好酒呢，何妨去饮两杯啊！唉，那古往今来的陈谷子烂芝麻都沉到江底去了，管他这些干什么呢！

有“左”倾幼稚病的人，可能要拍案而起，厉声斥责我们的爱国词人辛弃疾了。但是，历史唯物主义告诉我们，一切历史现象的产生都是以一定的时间、地点、条件为根据的。辛弃疾在这个时期的变化，反映了历史的复杂性，以及心理的复杂性。

然而，我们对于辛弃疾的“戏作”，也不要过于较真。创作的心理冲动，有时是复杂的，作家有自由，应当允许他有游戏之作。这些游戏之作，有时能说明作家的某些方面的思想情绪,有时却不然。能够禁止作家在某种场合说些谑语,插科打诨语,甚至反语吗?

这个时期,辛弃疾在创作思想上,是做了一些新的探索的,而且有了一些新的突破。最鲜明的例子是《念奴娇·书东流村壁》了,他写道:

野棠花落,又匆匆过了,清明时节。刬地东风欺客梦,一夜云屏寒怯。曲岸持觞,垂杨系马,此地曾轻别。楼空人去,旧游飞燕能说。

闻道绮陌东头,行人曾见,帘底纤纤月。旧恨春江流不断,新恨云山千叠。料得明朝,尊前重见,镜里花难折。也应惊问:近来多少华发?

从字面上看,写出了一种思慕心中所爱的人而不可见时的苦恼,大抵是作者回忆他曾经有过的一段爱情生活吧?这种情绪的引起,无疑是作者从江西到临安赴任途中,舟行至安徽的东流县,被一阵无端的东风,把他从客梦中惊醒。此时,作者信步走出船舱,见那岸上的棠梨已经凋零,想起时节已过清明了。那弯曲的石岸,岸边那万缕千丝的垂杨,作者蓦地记起了,这不是当年同那位意中人分手的地方吗?但已是人去楼空了,只有那飞来飞去的燕子才能叙说这些旧事了!于是,作者不禁感慨系之……

将近四十岁的辛弃疾,在赴任途中,竟有这样的闲情逸致去思念过往的风流艳事吗？我们显然不能就事论事，凭表面的形象描写进行穿凿附会。

其实，“闻道绮陌东头，行人曾见，帘底纤纤月”已经告诉人们，作者在词中塑造的形象是虚拟的了。因为，既然作者在东流县只是偶然的解缆系舟，又有谁人能告诉他，他想念中的那个美人，听说正在那繁华的街道东头呢？毫无疑问，这是艺术的一种寄托性表现手法。就如同屈原以“香草美人”作政治理想的寄托一样，辛弃疾在此处也是有所寄托的。这首词给我们解开了一个谜，那就是辛弃疾尽管在他“春风得意”的时候，他的心头依然埋藏着一种深沉的忧思，“旧恨春江流不断，新恨云山千叠”他的忧思是多么沉重啊！这绝不是为了怀念一个别离的“美人”，而是借这个假想的“美人”，倾诉他对北方的一种深情的怀念。这种怀念，就是作者恢复故土的雄心壮志。但是，这种雄心壮志，看来又是难以如愿的，所以，他一发又有“料得明朝，尊前重见，镜里花难折”那实现雄心壮志的向往，可能像那镜中的花枝吧，可望而不可攀折！作者的思想感情是多么沉重啊！他自觉地肩负起时代的重担，因为忧愁，白头发也不知增添了多少，这就是结句所写的：“也应惊问：近来多少华发？”

这是一首政治倾向很浓的作品，为历来许多辛词研究者所注意。谭献在他的《谭评词辨》里说：“大踏步出来，与眉山同工异曲。”陈廷焯在《白雨斋词话》里说：“‘悲而壮……’‘旧恨’二语，矫首高歌，淋漓悲壮。”这些学者，清楚地看到，这首词作的风格是悲壮的，绝不是一般艳科情语可与相提并论的。

《念奴娇·书东流村壁》，在辛弃疾的创作中，是艺术上表现技巧更丰富多彩的一个体现。在此以前，辛词高歌慷慨，多借古喻怀，用议论和哲理直抒胸臆。而此后，又同时兼用象征的手法，塑造一些情思委曲缠绵的形象，以寄托那悲壮的情怀，也就是说，豪放与婉约两种手法同时并用，或冶于一炉，或豪放中兼有婉约，或婉约中见豪雄。艺术风格的多样变化，标志着辛弃疾在创作上进入“大家”的行列了。

九、斜阳烟柳断肠句

辛弃疾在大理寺任少卿，不过半年的光景。公元1178年，淳熙五年九月，朝廷又把他调出，委任为湖北转运副使了。在湖北任上，也只待了八个月，公元1179年，淳熙六年三月，朝廷又下来诏令，调他到湖南去，还是担任转运副使的差事。

工作岗位这样频繁地调动，辛弃疾是习惯了的。但是，半年几个月就挪窝儿，工作环境没有等到熟悉又要走了，个人的聪明才智是没有办法施展的。这样就使辛弃疾不能不牢愁满腹了。何况，祖国山河依旧被肢解，恢复失地的希望遥遥无期，我们的爱国词人的心又怎能平静？

当辛弃疾在湖北离任的时候，同僚周嗣武、王正之、赵善括设宴送行。朋友之情，离别之恨，辛弃疾不免感慨系之。于是，他即席写了一首《水调歌头》，并附小序："淳熙己亥，自湖北漕移湖南，周总领、王漕、赵守置酒南楼，席上留别。”全词的内容是：

折尽武昌柳，挂席上潇湘。二年鱼鸟江上，笑我往来忙。富贵何时休问，离别中年堪恨，憔悴鬓成霜。丝竹陶写耳，急羽且飞觞。

序兰亭，歌赤壁，绣衣香。使君千骑鼓吹，风采汉侯王。莫把离歌频唱，可惜南楼佳处，风月已凄凉。“在家贫亦好”，此语试平章。

显然，辛弃疾对于朝廷这般频繁调动他的工作，心里是颇有牢骚的。但是，他能说些什么呢？只能说天上飞的鸟儿，江上游的鱼儿，也都嘲笑他而已。嘲笑他什么，他没有明说，也不便明说。他只能说的“富贵何时休问，离别中年堪恨，憔悴鬓成霜”。做官就要富而且贵，这是封建社会官场人物的一般追求，但辛弃疾眼里的富贵，是包含建功立业的意思在内的。恢复失地的志愿难以达到啊，所以他说“休问”，是真的“休问”吗？恐怕恰恰相反，只不过是暂时无法“问”罢了。中年多离别，使人感到遗恨。愁忧抱恨，使人憔悴，头发也容易白了，有年华易逝的用意在其中。年华易逝，而功业难成，这是辛弃疾苦闷的所在。离别的筵席上，丝竹悠扬，急羽飞觞，更使辛弃疾愁中更添忧愁。所以，词中又有一句：“莫把离歌频唱，可惜南楼佳处，风月已凄凉。”在这里，辛弃疾即景生情，用了“南楼”这个典故。据《世说新语·容止篇》载，庾太尉在武昌时，秋夜气佳景清，殷浩、王胡之等人在南楼调理丝竹娱乐，不期庾太尉到，诸人欲起避，太尉说，大家都别动了，我对此也很感兴趣呢！于是，太尉据胡床与诸人咏谑甚欢。辛弃疾在这里说，现在的南楼已不同往昔了，那风光月色都黯然凄凉啦！这是辛弃疾借古人的酒杯，浇自己的块垒，典故是用得很巧的，自己的心情也借此倾吐出来了。

平定茶商军之后，辛弃疾得到朝廷的重用，在一个时期里，他的情绪是振奋的，感到终将有用武之地。但是，这个时期是那么短暂，现实生活绝不如他当初所想象的，于是振奋过后，牢愁更深了。这表现在辛弃疾另一首同时创作的歌词里。

《摸鱼儿》的小序说：“淳熙已亥，自湖北漕移湖南，同官王正之置酒小山亭，为赋。”这是说，周嗣武、王正之、赵善括三人联名宴请了辛弃疾之后，意犹未尽，同在漕司共事的“同官”王正之，又单独在衙内的小山亭宴请了辛弃疾。王正之同辛弃疾早年就有文字交往，在湖北又在一个衙门工作，往来更多，友情更深，所以这首《摸鱼儿》里，辛弃疾是畅所欲言的。较之前一首《水调歌头》，更情深意切，无所禁忌。辛弃疾写道：

更能消、几番风雨，匆匆春又归去。惜春长怕花开早，何况落红无数。春且住。见说道、天涯芳草无归路。怨春不语。算只有殷勤，画檐蛛网，尽日惹飞絮。

长门事，准拟佳期又误。蛾眉曾有人妒。千金纵买相如赋，脉脉此情谁诉？君莫舞。君不见、玉环飞燕皆尘土！闲愁最苦。休去倚危栏，斜阳正在，烟柳断肠处。

近代著名学者梁启超，认为这首《摸鱼儿》："回肠荡气，至于此极；前无古人，后无来者。"（见《艺蘅馆词选》）这种评价并不太过分，《摸鱼儿》确实是辛弃疾的杰出之作。

王国维说，"词家多以景寓情。"（见《人间词话》）在中国古典诗词里，有所谓融情入景，而又化景物为情思，以景寓情，以情写景的艺术手法。辛弃疾的这首《摸鱼儿》，在运用这种艺术手法上，是精思独到的。它的上阕，在深入描写春日的景物中寄托作者的独特情思，是一个很好的范例。

我们知道，辛弃疾这时的生活处境，基本上还是一个顺境。有得意的方面，也有不得意的方面。壮志未酬，是他心中最大的遗恨。他生活在一种顺境但又是逆境的矛盾状态之中。这种感情表现在《摸鱼儿》里，显得曲折难以直言。"更能消、几番风雨，匆匆春又归去。"对风雨送春归，流露出了无限怜惜之情，感叹那易逝的春光再经不得几回风雨了。"惜春长怕花开早，何况落红无数。"因怕花落，便常常担心花开太早了，何况今已落红无数。"春且住。见说道、天涯芳草无归路。”挽留那未逝的春光，春啊你还是迟些归去。但春归何处？芳草已绿满天涯了，春已无可归之处了。惜春之情是那么真切。“怨春不语。算只有殷勤，画檐蛛网，尽日惹飞絮。”先已指出春已无处可去，但它却偏偏去了，那又有什么话好说的呢，算起来只有檐前的蛛网挂着春天的残痕，算是把那春光留住一点儿吧。作者在《摸鱼儿》的上阕，先写怜春，再写惜春，进而写留春，末了以怨春收住，层叠有致，曲折入妙，把作者矛盾的思想状态，十分曲折地表现出来。那笔势的“回肠荡气，至于此极”，确实让人叫绝。

在这里，作者为什么抓住春光的去留不予撒手？逐层深入描写怜春、惜春、留春、怨春又是什么用意？王闿运在他的《湘绮楼论诗文体法》里说：“以词掩意，托物寄兴，使吾志曲隐而自达。”可谓说破其中秘密，盖作者有难言之隐，但不得不言，只能曲折言之，这就是作品托物寄兴的所在。

如果说《摸鱼儿》的上阕是以自然景物作寄托，那么下阕却转换以历史故实去表现作者的思想感情了。时光已不可挽留地消逝了，但历史又是怎样训诫人们的呢？“长门事，准拟佳期又误。蛾眉曾有人妒。千金纵买相如赋，脉脉此情谁诉？”说的是陈皇后失宠，她拜托辞赋家司马相如写了一篇代为陈情的《长门赋》，希望同皇帝言归于好，但却一再落空！此情脉脉，竟能向谁人诉说？“君莫舞。君不见、玉环飞燕皆尘土。”还是算了吧，试想汉代的名妃赵飞燕、唐代的宠姬杨玉环，难道不是一个个先是受宠，后来都没有个好下场吗？“闲愁最苦。休去倚危栏，斜阳正在，烟柳断肠处。”全篇都用比兴的笔法，到结尾处，作者却又以议论点题——“闲愁最苦”，他怜惜时光易逝，痛陈历史教训，都是归结到作者的满腔闲愁悲愤。作者还沉痛地说，不要到那楼台的高处去呀，那快落山的太阳正照在暮霭笼罩的柳树上呢，那景致是最令人伤心的！大抵愁闷的人，是最怕看那日落黄昏的。有人说，这是象征南宋的国势已如日落黄昏，故令作者伤感，虽说也通，但却牵强了些。

据《鹤林玉露》说，宋孝宗看了辛弃疾的这首《摸鱼儿》后，颇感不悦。如果事情属实，对时局和个人处境都极感不满的辛弃疾，自然不会讨那个皇帝老子的喜欢。

《摸鱼儿》是一首政治抒情词，它标志着作为政治家的辛弃疾，在思想上已经成熟；作为词人的辛弃疾，在词艺上也达到了圆熟而精湛的境界。他熔冶豪放和婉约两种艺术手法于一炉，写出了他的沉雄壮阔的思想。《摸鱼儿》列为辛词的压卷之作是无愧的。

稍后一些日子，也许是辛弃疾从湖北到湖南的赴任途中，也许是到湖南任所不久，辛弃疾偶然来到一个驿亭，有感于墙壁上一妇人的题字，他写了一首小令《减字木兰花》。小

序说:“长沙道中,壁上有妇人题字,若有恨者,用其意为赋。”词中写道:

盈盈泪眼,往日青楼天样远。秋月春花,输与寻常姊妹家。

水村山驿,日暮行云无气力。锦字偷裁,立尽西风雁不来。

在辛弃疾的词作中,除了那些“大声镗鞳,小声铿鍧,横绝六合,扫空万古”的抚时感事之作外,还有部分“间作妩媚语”的作品,“其秾丽绵密处,亦不在小晏、秦郎之下。”(《后村诗话》语)这首《减字木兰花》,词句明白易晓,而意味却隽永深长。短短的八句,却仿佛再现了一个不幸妇女的全部历史,而且妇人家那音容举措,婉在目前,非词家中的大手笔,是不易办到的。

这位不幸的妇女,少年时寄身过青楼妓院,后来似乎是从良了。“水村山驿,日暮行云无气力。”无奈落魄风尘,流浪天涯,不幸又被那无情无义的负心汉子抛弃。但是,这妇人还存在一线希望:“锦字偷裁,立尽西风雁不来。”然而,这旧情难断的多情女子,她的想望到头来是要落空的。

“同是天涯沦落人,相逢何必曾相识。”这是诗人白居易的《琵琶行》里的名句。辛弃疾看到妇人的题壁,感其“若有恨者”,大抵也有“同是天涯沦落人”之感吧!不然,一个风尘落魄的女子，又怎能叩响一个朝廷封疆大吏的心扉呢？也许，这妇人题壁，也是一种假托，辛弃疾塑造这么一个不幸女子的形象，借以抒发他胸中那些牢愁也是可能的。

十、山雨欲来

以统一祖国为己任而壮志难伸的辛弃疾，于公元1179年，孝宗淳熙六年的秋天，南宋朝廷又下诏书，任命他为潭州知州，兼湖南路安抚使。这是辛弃疾归宋后的第17个年头，官运不能不算亨通，政治上也可算踏上了顺风船。

南宋的地方行政权，采取四权分立的制度。每一路的建制（相当于现在的省）分成四个系统，即：帅、漕、宪、仓四司。路的安抚司首长叫安抚使，统辖地方文武，是行政区的军政长官，俗称帅臣。经略一路财赋，并负有巡察辖境、稽考簿籍、举劾官吏之责的长官叫转运使，俗称漕臣。与转运使平行的，又有提点刑狱公事和提举常平司两种类似的官称，也负有巡察之责，俗称宪司和仓司。漕、宪、仓三司，都只是监司官，安抚使是职权最重的外官，但是，他也受漕、宪、仓三司多方面的牵制。

辛弃疾归宋后第一次担任了一路的最高军政长官，在某种意义上来说，他得到了一个施展才干的较好机会。雄心勃勃的辛弃疾，在湖南安抚使任上虽然只有短短的一年多，他抓了几件大事，都干得很出色，充分证明他是有才干、有作为的。

他在湖南任上干的第一件大事是兴修水利。据《宋会要》一五二册《水利》四记载："淳熙七年（1180 年）二月四日，知潭州辛弃疾言，欲令常平司、本路诸州郡措置以官米募工浚筑陂塘，因而赈给，一则使官米遍及细民，二则兴修水利。从之。"当时，湖南境内由于年年水旱灾害，田禾失收，人民生活十分困苦，辛弃疾便请求动用国库的官米，招募百姓修筑陂塘，一方面以工代赈，解决灾荒后的民生问题；另一方面兴修了水利设施，能恢复和发展农业生产。辛弃疾实行这种措施，是符合人民利益的，是卓有远见的。

辛弃疾在湖南办的第二件大事是整顿乡社。据《建炎以来朝野杂记》甲集卷十八《湖南乡社》记载："湖南乡社者，旧有之，领于乡之豪酋，或曰'弹压'，或日'缉捕'，大者所统数百家，小者所统三二百。自长沙以及连、道、英、韶，而郴、桂、宜章尤盛。……淳熙七年（1180 年）春，言者奏乡社之扰，请尽罢之。事下安抚司。已而帅臣辛幼安言：'乡社皆杂处深山穷谷中，其间忠实狡诈，色色有之，但不可一切尽罢。今欲择其首领，使大者不过五十家，小者减半，属之巡尉而统之县令，所有兵器，官为印押。'上从之。”当时，乡社组织遍及湖南各地，都是些地主武装。他们横行乡里，欺凌压榨农民百姓，并且对抗官府，发生过多次武装暴动，使社会秩序极不稳定。朝上的言官们建议全部取缔。当这种意见下达到安抚司时，辛弃疾认为强行解散这些地主武装，容易激起乡村豪酋们群起反抗，只能因势利导，分别情况，对坏的乡社予以取缔，好的仍旧保留。保留的乡社也一律压缩其规模，大者不过五十家，小者减半，并把乡社一律隶属于各县巡尉，置于各县县令的直接统率之下。乡社的兵器，也由县政府登记管理。辛弃疾整顿地方乡社，对稳定社会治安，让人民安居乐业，休养生息，是有积极作用的。

辛弃疾在湖南办的第三件大事是发展地方的文教事业。据《宋会要》一一四册《选举·教授》条记载：“淳熙七年六月四日，诏郴州宜章县、桂阳军临武县并置学，从知桂阳军徐大观及帅臣辛弃疾请也。”发展乡校，也是有利于人民的事情。

辛弃疾在湖南办的第四件大事是创建飞虎军。据《宋史·辛弃疾传》载，辛弃疾“乞依广东摧锋、荆南神劲、福建左翼例，别创一军，以湖南飞虎为名；止拨属三牙、密院，专听帅臣节制调度……”飞虎军建成后，不但湖南一路治安得到保障，而且在以后的三十多年内，飞虎军一直是长江沿岸的一支有力的国防力量，金人称为“虎儿军”，为敌人所畏惮。

辛弃疾在创建飞虎军的过程中，曾克服种种困难，表现了他的卓越“帅才”。如建造飞虎军营栅时，正值南方雨季，营栅需要的二十万片瓦无法烧造，辛弃疾便果断决定，由官府出钱向民间购买。下令长沙城内外每户供送屋瓦二片，结果两日内便凑足了。此外，营栅需用大量石块，辛弃疾调发狱中犯人到长沙城北的驼嘴山开凿，按照各犯人的罪情轻重，规定所供送石块的数目，作为赎罪的代价，凿石任务也很快完成了。

辛弃疾创建飞虎军的计划，本来是经过南宋政府批准的，但是朝中枢密院却有人反对，在皇帝面前劾奏辛弃疾“聚敛民财”，于是朝上降下“御前金字牌”，下令停止飞虎军营建的各项工作。辛弃疾冒着丢掉乌纱帽的风险，把“御前金字牌”扣下，加速完成未了的营建工程，事后再奏报朝廷，宋孝宗也就不再说什么了。可见，辛弃疾不但有卓识，而且有胆略，有铁一般的手腕。但是，这也就必然招来物议，为反对他的人提供了攻击口实。对于这些可能产生的后果，辛弃疾是会预料到的，但他却全不在乎，秉意执行，把个人得失置之度外。

在一个腐败的政权下，要想做出一番事业来，那是必然会遇到重重的阻力和无数的困难的。这就是为什么辛弃疾在事业有为的时候，时常流露出沉郁不抒情绪的原因。

在一个暮春时节，正是“江南草长，群莺乱飞”的美好辰光，辛弃疾到郊外的长亭渡口，要送一位到临安去的朋友。当时，他写了一首《贺新郎》，其中有句“黄陵祠下山无数。听湘娥、泠泠曲罢，为谁情苦”，流露出了一种颇为伤感的情绪，气象十分悲凉。也许是对朋友的依依惜别之情吧？但是，经多见惯朋友离别的辛弃疾，从前笔下的离情是“别离亦复何恨，此别恨匆匆”（《水调歌头》）。或者是“掷地刘郎玉斗，挂帆西子扁舟”（《破阵子》）。很少流露那些儿女痴情。如今，他正在大刀阔斧地整顿乡社，轰轰烈烈创建飞虎军的时候，琴弦下却奏出凄苦之声，这是值得注意的。

与《贺新郎》的写作时间相同的另一首《满江红·暮春》，同样的情绪，表露得更充分。他写道：

可恨东君，把春去、春来无迹。便过眼、等闲输了，三分之一。昼永暖翻红杏雨，风晴扶起垂杨力。更天涯、芳草最关情，烘残日。

湘浦岸，南塘驿。恨不尽，愁如织。算年年辜负，对他寒食。便恁归来能几许，风流早已非畴昔。凭画栏、一线数飞鸿，沉空碧。

暮春时节的一个傍晚，辛弃疾走出安抚司的衙门，轻车简从来到长沙城外湘江的一个渡口旁。也许是刚刚同朋友话别之后，也许是到外地巡视工作来到渡口要下船，此时，夕阳斜照，暮色渐浓，嫋嫋和风，吹得杏花飘零满地，吹得碧绿的柳条婆娑起舞，这一切，告诉人们：春天已经悄悄地离开人间了！时节的更替，却唤起了此刻满腹愁肠的词人辛弃疾的无限思绪。他蓦然觉得，那无情的东风，好像连个招呼也不打，便把那无边的春色送走，转眼之间，随随便便地把一年三分之一的最好的时光给打发走了！“便过眼、等闲输了，三分之一。”在词人辛弃疾的眼里，觉得太遗憾了！是输掉了无限好的春光吗，还是输掉比春光更美好的东西？据毛先舒《南唐拾遗记》载：“李后主作红罗亭子，四面栽红梅花，作艳曲歌之。韩熙载歌云：‘桃李不须夸烂漫，又输了春风一半。’时已割淮南与周矣。”南唐与后周为邻，国土时遭后周的蚕食。南唐李后主在后宫正沉醉于一片歌舞升平的时候，淮南地区已落入后周人的手里，于是韩熙载作诗感叹，又输了春风一半。宋朝廷自南渡以后，宋朝有三分之一的国土沦落到金朝手里，辛弃疾感叹的“输了，三分之一”，是否与韩熙载所感叹的一样呢？这是很可能的。要不然，辛弃疾的心情不会那么沉重。“湘浦岸，南塘驿。恨不尽，愁如织。算年年辜负，对他寒食。”每逢佳节倍思亲，在寒食节到来的时候，辛弃疾独立异乡江头，他怎能不想起他的故乡济南呢，又怎能不想起沦陷在敌人手里的三分之一的国土呢？“凭画栏、一线数飞鸿，沉空碧。”望着暮春时节向北飞去的大雁，飞远了，飞远了，隐没在那遥远的碧空之中，看到北去的大雁，这怎能不激发起胸存恢复壮志的词人的无限愁思呢？

一向以豪迈气概扣动人们心弦的稼轩词，此刻，这首《满江红·暮春》却像一缕如泣如诉、如怨如慕的哀怨的笛声，动人肺腑，催人泪下。

公元1180年，孝宗淳熙七年的冬天，江西发生了严重的粮荒，南宋政府决定把辛弃疾调到江西，知隆兴府，兼江西路安抚使，把一个棘手的差事委派给辛弃疾。同时，诏书又给辛弃疾加封了一个“右文殿修撰”的荣誉称号。平定茶商军后，辛弃疾已经得到一个“秘阁修撰”的头衔，如今在“修撰”之上更冠以“右文殿”，则是更高一级的荣誉衔了，这大概是朝廷对辛弃疾治理湖南一路取得斐然政绩的一种奖赏吧。

辛弃疾到江西赴任了。他面对着连年水旱灾害造成的严重粮荒，在考虑如何稳定民心，防止骚乱事件的发生。

辛弃疾不愧是个理乱的能手，他有铁一般的手腕，履新伊始便下令在治所隆兴府及所属各州县，张贴榜文，提出“闭粜者配，强采者斩”的坚决措施。条令的前一句是，强制一切囤积粮米的人家，必须在这时将存粮粜卖出来，否则就要受到流配的处置；条令的后一句是，禁止一切缺粮的人家乘机向囤粮户劫夺，否则就要杀头示众。这是一个很严厉的命令，它首先迫使那些奸商、富户不得不服从，这对于稳定社会人心，解决灾荒困难，自然起了很好的作用。接着，辛弃疾又把隆兴府的官吏、儒生、商人、市民召集在一起，要他们共同保举一些精明能干的人，从官库中借给本钱，借款不收利息，到未受灾荒的地区买米回来发粜，限期月底运到。果然到规定期限，大批粮米便源源运到，于是隆兴府境内米价大落，保证了民食的需要。

邻境信州，这年也遭灾荒。知州谢源明知道隆兴运到很多粮食，便来函求援。隆兴府的其他官员都表示反对，但了解人民疾苦的辛弃疾，却慷慨地拨出十分之三的粮船，支援信州。

这年秋天，南宋政府又以“荒政修举”，诏令把辛弃疾的官阶由宣教郎晋升为奉议郎。

辛弃疾在轰轰烈烈地进行修荒政、理乱世的日子里，却创作了一批婀娜多姿、情意缠绵的词章。像《菩萨蛮》：“西风都是行人恨，马头渐喜归期近。试上小红楼，飞鸿字字愁。阑干闲倚处，一带山无数。不似远山横，秋波相共明。”写一个远离故乡的游子，在旅途中细算思量，该是快到原定的归家的日期了，那阵阵扑人颜面的西风，他觉得吹的都是离人恨。他想象家中的妻子，此时一定登上那漆红的楼阁，在盼望归人，那排成人字形或一字形的雁阵横空飞过，更使那闺中人情思欲断了。那闺中人望着的远处的山峦，翠色如黛，那是山吗？那不正是她似秋水般的眼睛一样明媚的眉黛吗！

又如在《鹧鸪天》里写道："一片归心拟乱云，春来谙尽恶黄昏。"写一个思家心切的客居游子，他的归心就像暮春黄昏时候那暗淡的杂乱无章的云朵，他是最怕见到这种有象征意味的云朵了，可是暮春时节的每一个黄昏，那样的云朵却是反复呈现在离人的眼前。词人辛弃疾把离人的思绪描写得细腻如丝，字字句句都是那样真切，扣人心田。

再如，在《祝英台近》里写的："帘卷青楼，回首在何处？画梁燕子双双，能言能语，不解说、相思一句。"可谓写尽了思归的相思之情了。《蝶恋花·和赵景明知县韵》："凉夜愁肠千百转。一雁西风，锦字何时遣？毕竟啼乌才思短，唤回晓梦天涯远。"写离人那种缠绵悱恻之情，怨啼鸟之无才思，惊残好梦，表现得淋漓尽致，曲尽离人的重重心事，随处皆见妙笔。

但是，辛弃疾毕竟不同于那些以倚红偎翠为能事的婉约派词人，因为辛弃疾不过是借他人酒杯（闺情的表现手法），去浇自己的胸中块垒（寄托复国壮志难以实现的苦闷）而已。这是婉约派词人们所无法比拟的。

寄托国事于"闺情"，这是辛词的一个特点，有一首《满江红》，其中有一句，便把他的这个特点说了个透底："层楼望，春山叠。家何在？烟波隔。把古今遗恨，向他谁说？"他把登楼望远，思念故土之情，同"古今遗恨"联结在一起，只有家国之恨才能谈得上"古今"，所以，辛弃疾创作这一批貌似柔媚其实甚为沉雄的词章，其用意是非常明显的。

《祝英台近·晚春》，邓广铭认为是辛弃疾中年宦游思家之作，编在江、淮、两湖作品当中，历来对这首词的主题是颇有争论的。辛弃疾在词中写道：

宝钗分，桃叶渡，烟柳暗南浦。怕上层楼，十日九风雨。断肠片片飞红，都无人管；更谁劝、啼莺声住。

鬓边觑。试把花卜归期，才簪又重数。罗帐灯昏，哽咽梦中语：是他春带愁来，春归何处，却不解、带将愁去。

有人认为，它不过是一首闺情词罢了。如张端义的《贵耳集》说："吕婆，吕正己之妻，(正己为京畿漕)有女事辛幼安，因以微事触其怒，竟逐之。今稼轩《桃叶渡》词因此而作。"这显然是流俗的附会之说，是不足信的。因为，其一，与事实不符，吕正己为南宋一代显宦，其女怎能下事辛弃疾为婢妾？其二，与词意也不相合。因其人既被逐出，证明关系已经破裂，又怎会有"试把花卜归期，才簪又重数"这样深挚的爱情表现？

另一种意见认为，《祝英台近》是一首具有政治内涵的词作，乃是词人辛弃疾假托一个女子叙说伤春和怀念亲人的愁苦，寄寓对祖国南北分离的悲痛。中华书局1979年出版的《辛弃疾词选》持此说。清人黄蓼园在他的《蓼园词选》里也指出："此必有所托，而借闺怨以抒其志乎！"这种认识是较为切合实际情况的。

《祝英台近·晚春》，在辛词中确是别具一格的。沈谦的《填词杂说》曾说："稼轩词以激扬奋厉为工；至'宝钗分，桃叶渡'一曲，昵狎温柔，魂销意尽，词人伎俩，真不可测。"其实，既能慷慨纵横，又能昵狎温柔，既擅于豪放，也长于婉媚，正是辛弃疾词作风格和题材多样化的大家风度的表现。辛词的这个特点，在他的《摸鱼儿·淳熙己亥，自湖北漕移湖南，同官王正之置酒小山亭，为赋》里，就已崭露锋芒。不过，《祝英台近·晚春》所描写的感情更为细腻罢了。

"宝钗分，桃叶渡，烟柳暗南浦"。写一对情人，在烟雾迷蒙的杨柳岸边，情凄意切，不得不分钗赠别的情景。在这里，作者给我们一个暗示：情人离别是痛苦的，那么祖国南北人民长久地分离，人为地隔断来往，不是更大的痛苦吗？这是我国历代古典诗词的创作者们，所惯用的香草美人作为自己感情宣泄倚托的一种艺术手法。辛弃疾当然有理由也有资格继承和采用这种艺术手法。

"怕上层楼，十日九风雨。"情人分手后，登楼远望，怀念离人，已是使人不胜其感情负载了，更何况又是十日有九日遇到那风雨晦暝的时节呢？刮风下雨，虽能登楼而不能远望，这是使人痛苦的一个原因；风雨晦暝，大自然的阴冷更加深离人的凄苦情怀，这又是使人痛苦的一个因素。只此一句话，就有多层的含义，层层深入，对比映衬，令人不忍卒读了。

“断肠片片飞红，都无人管，更谁劝、啼莺声住。”落花不要飘零了吧，啼莺也不要叫唤了吧，但都无法摆脱心中那不绝如缕的忧愁，简直叫人肠断了！这是何等深沉曲折的笔触啊，“都无人”和“更谁劝”，加强了那种寂寞凄清、无处寻求知音的氛围。辛弃疾南归后，多年流徙不定，报国之志难酬，天涯万里，何处有知音？不正是这种感情吗？

“鬓边觑。试把花卜归期，才簪又重数”。把一个闺中少妇，盼望远方游子归程的复杂心理状态，用非常细腻的笔墨，筛选出那种富有典型意义的细节，活灵活现地描写出来了。写她把头上的花钿取下来，一个花瓣一个花瓣地细细数过。她是相信自己在心中的占卜：一个花瓣代表游子回归的一个日程。花瓣有数，相信游子归程也有定准，她因此得到了心理上的满足。但是，她数过了又戴上，戴上后又还不放心，再次取下重数。这种反复的动作，曲折地表现了闺中少妇那复杂的情感。

“罗帐灯昏，哽咽梦中语：是他春带愁来，春归何处，却不解、带将愁去。”描写思念远人归来之情，真是无以复加了。写她就是昏然入睡之后，还哽咽念叨：春天到来把忧愁送来了，怎么春天离去了却不把那忧愁给带走呢？也就好像说，春天过去啦，时节变换啦，远方的游子啊，怎么还不回归呢？词人辛弃疾的笔触，把人物感情写得那样细腻而缠绵，就像沈谦所形容的，使人“魂销意尽”，艺术的魅力竟是那么强烈！

《祝英台近·晚春》这一组词作的出现，表明这个时期辛弃疾的创作，题材是多方面的，艺术道路也是广阔的。辛弃疾不只是用一种音调和旋律进行歌唱，他是一个天才的艺术家，他能用多种和声、不同的节奏和旋律去抒发他的心声。他能委婉含蓄，借物寄情；他更擅长“大声镗鞳，小声铿訇，用明朗的、昂扬的调门儿，大声疾呼，放怀歌唱”。有时，他还能唱出既慷慨轩昂，又富婉转柔媚，两种声容情态的曲子来。《木兰花慢·席上送张仲固帅兴元》即是一例：

汉中开汉业，问此地、是耶非？想剑指三秦，君王得意，一战东归。追亡事，今不见；但山川满目泪沾衣。落日胡尘未断，西风塞马空肥。

一编书是帝王师。小试去征西。更草草离筵，匆匆去路，愁满旌旗。君思我、回首处，正江涵秋影雁初飞。安得车轮四角，不堪带减腰围。

张仲固是江西的转运判官，辛弃疾的同僚好友。现在，张仲固要调到西北边境的兴元府去，辛弃疾设席饯行，感慨万端，写下这首词作。词中表现的不是对友人升迁的一般性祝贺，而是通过追怀汉高祖刘邦以汉中为基地开创汉朝帝业的气魄，对比南宋朝廷的苟且偷安，反映了作者对国家命运的忧虑和对偏安江左的不满，感叹自己的抱负不能实现，鼓励张仲固奋发有为。“落日胡尘未断，西风塞马空肥。”我们仿佛看到作者在激昂慷慨地大声疾呼，呼吁朝中当政者，呼吁爱国的志士仁人，奋起救亡图存。通篇笔调，都是直率的陈述，没有艳丽的辞藻，也没有繁缛的修饰，同《祝英台近·晚春》相比，情绪、气氛完全两样。前者如同雄奇壮厉的号角，后者却像娓娓悠扬的笛声。虽然，两者艺术方法不同，但是诗以言志却是一样的，可以说是异曲而同工。

在江西任上，辛弃疾的才华，可以说是初露锋芒。然而，不要忘记中国有一句古老的格言，叫作“木秀于林，风必摧之”，辛弃疾取得了卓越的政绩，当然得到正直的人们的喝彩，但也招来了有些人的猜忌。当时的儒家学者陆九渊，就曾写信给辛弃疾，指出朝上有人捕风捉影制造流言蜚语，告诫辛弃疾要注意。但辛弃疾却坦然处之，得失置之度外。赵景明在江陵任满放归，路过江西时，辛弃疾写了一首词赠给这位朋友，其中有句：“但放平生丘壑，莫管旁人嘲骂，深蛰要惊雷。”（《水调歌头·和赵景明知县韵》）这是对友人的劝勉，也是对自己的鞭策。“君要花满县，桃李趁时栽。”（同上）表示美好的未来，要靠自己亲手创造。

话虽然是这样说，但人的思想感情总是复杂的，当听到有人恶言中伤，尤其是朝中那些有权有势的人制造流言蜚语，人言难道都不可畏吗？所以，辛弃疾这时也曾萌生过“岁晚渊明归来未”的退隐念头。

危机在潜伏着。辛弃疾在词作中也越来越明显地表现出他对危机的敏感了。他在公元1181年秋天写的《沁园春·带湖新居将成》就是一个例证：

三径初成，鹤怨猿惊，稼轩未来。甚云山自许，平生意气；衣冠人笑，抵死尘埃。意倦须还，身闲贵早，岂为莼羹鲈鲙哉。秋江上，看惊弦雁避，骇浪船回。

东冈更葺茅斋。好都把、轩窗临水开。要小舟行钓，先应种柳；疏篱护竹，莫碍观梅。秋菊堪餐，春兰可佩，留待先生手自栽。沉吟久，怕君恩未许，此意徘徊。

汉代有个隐士叫蒋诩，他在隐居的门前开了“三径”，就是三条小路，后人便以“三径”代指隐士居住的地方。辛弃疾何时起念要筑庐于信州带湖，难以考知了。但是，我们知道，带湖新居是在公元1181年的秋天落成的。当时的端明殿学士洪迈，曾为辛弃疾作《稼轩记》，其中说道：“此志未偿，顾自诡放浪林泉，从老农学稼……”可知，辛弃疾是在他的雄心壮志难以实现的情况下，又不愿同朝廷上那班利禄熏心的群小沆瀣一气，宁愿放浪林泉间，做一个隐者。这也是一种反抗现实的表现。“秋江上，看惊弦雁避，骇浪船回。”言外之意，说明他要归隐带湖，是要回避那“惊弦”和“骇浪”，这当然是指朝中那些恶言诽谤他的人了。

公元1181年，孝宗淳熙八年十一月，辛弃疾调任两浙西路提点刑狱公事。但新职下达还不到一个月，就有人在皇帝面前参了辛弃疾一个奏本，说他“用钱如泥沙，杀人如草芥”，而落职了。

这是辛弃疾本人意料之中的事情。此后，我们这位爱国词人，竟在带湖赋闲长达十年之久。

十一、带湖归去

公元 1181 年，宋孝宗淳熙八年的冬末，辛弃疾黯然结束了他的从政生涯，回到刚落成不久的信州上饶郡带湖新居，开始了他漫长的归田生活。

这一年，辛弃疾才 42 岁，正是年富力强，应当大有作为的时候，却被南宋政权弃置了！

罢官归家不久，辛弃疾创作了一首《水调歌头·盟鸥》，是颇能说明词人当时的生活和思想感情的：

带湖吾甚爱，千丈翠奁开。先生杖屦无事，一日走千回。凡我同盟鸥鹭，今日既盟之后，来往莫相猜。白鹤在何处，尝试与偕来。

破青萍，排翠藻，立苍苔。窥鱼笑汝痴计，不解举吾杯。废沼荒丘畴昔，明月清风此夜，人世几欢哀。东岸绿荫少，杨柳更须栽。

辛弃疾自从公元1162年归宋以来，一直官无定处，家无定居。举家妻儿奴仆，始终跟着辛弃疾寄居各地任上。现在无从考据，辛弃疾在什么时候，在上饶郡带湖买到一处地方，营建了一座庄园。我们只知道这座庄园是在公元1181年秋天落成的。事有凑巧，辛弃疾也就在这个时候被罢官，于是他的全家，也才有了一个落脚的地方。要不然，他丢了官，没有任所了，举家将住到什么地方呢？老家济南历城，在金朝的统治之下，是无法回去的了。

辛弃疾请洪迈替他写的那篇《稼轩记》说："国家行在武林，广信最密迩畿辅。东舟西车，蜂午错出，势处便近，士大夫乐寄焉。"原来，信州的上饶郡，位于江西信江之滨，是南宋首都临安到江西、福建必经的地方。水陆交通，都非常便利。所以，朝野许多官绅士大夫，都乐于在这里选址寓居。据记载，当时在上饶城内和近郊寓居的官绅住户就有百家之多。

辛弃疾的带湖寓址，在上饶城北约一里许的灵山之下。三面傅城，前枕澄湖如宝带。辛弃疾在这里筑室百间，空旷的地方又辟为田亩。有一室名"稼轩"，是不忘稼啬之艰的意思。还有植杖亭、集山楼、婆娑室、信步亭、涤砚渚等建筑。这座庄园初落成时，辛弃疾的朋友、南宋著名的理学家朱熹路过上饶，曾悄悄地进去看过，称赞构筑宏丽壮观，说是他生平所未见的好所在。

辛弃疾在带湖定居下来了，环境的清幽雅胜，却掩盖不住词人被罢官后的内心苦闷。

《水调歌头·盟鸥》，乍看来，调子是轻松明快的，然而在骨子里，感情却是沉重的。他离开了政治生活，且不说不能策马沙场为恢复失地而献身，就是在政坛中谋得一份差遣，借以做一番事业的机会都没有了，他怎能不痛苦？

词题称“盟鸥”，意思是要与鸥鸟结盟。词人把自己要表现的思想内容放置在一种浪漫主义的寓言形式里。词人离开了官场生活之后，有一种失去依托之感。异乡沦落，知音难得，只有到大自然里寻求同志者了。带湖新居，是他倾心喜爱的，在那儿可以找到一些慰藉。所以说：“带湖吾甚爱，千丈翠奁开。先生杖屦无事，一日走千回。”水光山色，能恬悦性情呀。辛弃疾近十来年，奔走于世俗的名利场，与尔虞我诈的官场角逐，他感到厌倦了。大自然的美好环境，使他得到暂时的解脱。他“杖屦无事”，便终日在“千丈翠奁”似的带湖畔徘徊。先生真个是“无事”吗？他被罢了官，官事是没有了，但辛弃疾又是个不甘于寂寞的人，在家中闲坐实在太无聊了，无聊至极，只好出来走一走，消除一下胸中的积闷。在先生“一日走千回”的缓缓步履中，我们仿佛听到了先生的足音是沉重的。鸥鸟啊，只有你们与我为伴了！“凡我同盟鸥鹭，今日既盟之后，来往莫相猜。白鹤在何处，尝试与偕来。”又何不把那凌空飞翔、志趣高洁的白鹤也相约来呢？词人在这样的环境离群索居实在是寂寞的！这是辛弃疾真实的心声，透过这种曲折反映出来，我们能测知词人的思想感情处在一种非常苦闷的状态中。

无论鸥鸟也罢，白鹤也罢，它们在自然界各有自己的乐趣，它们能给予人一定程度的安慰，但它们同人的感情总是有距离的呀！看着它们“破青萍，排翠藻，立苍苔”，翩翩而来，又扑翅而去，它们毕竟是自然物罢了，难以成为人的知音或伙伴的。“窥鱼笑汝痴计，不解举吾杯。”它们怎能知道词人在那儿举杯饮酒，是为浇愁呢，它们只懂得自己唯一的乐趣：站在湖边的青苔上，等待着鱼儿游来。于是，词人这时有些幡然省悟了：对自然物的期待是靠不住的！但是，此时孤独的词人，他又能期待谁呢？当词人的思想回到人间的现实时，时世的变迁又使得他无限感慨，“废沼荒丘畴昔，明月清风此夜，人世几欢哀”。但是，词人并没有因此而幻灭，他对生活依然寄托着无限深情，“东岸绿荫少，杨柳更须栽”，把眼前这一片庭园整治好了，多栽植些柳条，以便使那旧日荒凉的地方，兴旺起来吧！

词人此时的思想情怀是痛苦的，充满矛盾的。但他毕竟是辛弃疾，他对生活还是热爱的。

在辛弃疾的词作里，那官场中的仕宦生涯，是极少去表现的。大抵那宦海浮沉，并不能引起词人创作的欲望。可是，当辛弃疾回到了带湖，他那“隐士”的幽居生活，却经常写进作品里。

“进退存亡，行藏用舍。小人请学樊须稼。衡门之下可栖迟，日之夕矣牛羊下。”（《踏莎行·赋稼轩，集经句》）写他对农事生活的向往。

“点检笙歌多酿酒。蝴蝶西园，暖日明花柳。醉倒东风眠永昼，觉来小院重携手。”（《蝶恋花·和杨济翁韵，首句用丘宗卿书中语》）写他在百无聊赖的春日，独自饮酒消愁，有时竟然醉倒在暖日照耀、蝴蝶飞舞的花柳丛中。

“千古老蟾口，云洞插天开。涨痕当日何事，汹涌到崔嵬。攫土抟沙儿戏，翠谷苍崖几变，风雨化人来。万里须臾耳，野马骤空埃。”（《水调歌头·再用韵，呈南涧》）写他有时企立庭院，翘首仰望带湖前面的灵山，望着那山间的云洞，想象着古往今来陵谷的变迁，忽然悟出了庄生那种超然尘世之想。

有时，他能闷坐家中“细写《茶经》煮香雪”。（《六么令·用陆氏事，送玉山令陆德隆侍亲东归吴中》）有时，兴之所至，相邀几位友好，共游云洞，乐以忘归，“归路踏明月，人影共徘徊”（《水调歌头·九日游云洞，和韩南涧尚书韵》）。有时，他也颇达观放任，觉得生活也是极有乐趣的，“倒冠一笑，华发玉簪折。《阳关》自来凄断，却怪歌声滑”(《六么令》)。

看来，辛弃疾的思想还是比较豁达的，罢官革职这样一个沉重的打击，并没有把他吓倒。他虽有苦闷，但还没有颓唐。他对生活总是那么充满热爱之情。

诚然，他闲居带湖，同现实是疏远了，同政治是隔离了，但是，他对疏远了的现实是关心的，对隔离了的政治也并没有忘怀。他虽然“隐居”了，他还不是一个超脱尘世，不食人间烟火的“隐士”。他在与朋友们往还酬唱的词章里，仍不乏抚时感事之作。当年叛逃到敌人营垒去的那个义端和尚，曾把辛弃疾比喻为“青兕”(即黑色的犀牛)，那么这头“黑色的犀牛”，它的性情始终是好斗的。现在虽然回到带湖家中，被山光水色包围的“青兕”，依旧不减当年，“困兽犹斗”！

《水调歌头·严子文同傅安道和前韵，因再和谢之》写道：“短灯檠，长剑铗，欲生苔。雕弓挂壁无用，照影落清杯。多病关心药裹，小摘亲锄菜甲，老子政须哀。”他感叹自己不合时宜，被人弃置不用，闲住家中养养病、待待客，空把日子打发走了。值得注意的，他还把自己比喻作剑铗、雕弓，他没有忘记这些能在沙场杀敌的武器，只不过是如今不被人们所赏识罢了。

《蝶恋花·继杨济翁韵饯范南伯知县归京口》有句：“老马临流痴不渡，应惜障泥，忘了寻春路。”障泥，是马鞯两旁的下垂,用作遮蔽尘土的。作者说,这一匹老马走到河边却停住脚步了,不肯涉水过河,为的是怕弄湿了背上的障泥。老马非常珍惜自己的载负。作者用来赞美他的朋友范南伯,同时也有自况之意,表示不能忘记自己身上的责任。

《水调歌头·汤朝美司谏见和,用韵为谢》,更是一首充满不屈不挠战斗精神的词作。他写道:

白日射金阙,虎豹九关开。见君谏疏频上,谈笑挽天回。千古忠肝义胆,万里蛮烟瘴雨,往事莫惊猜。政恐不免耳,消息日边来。

笑吾庐,门掩草,径封苔。未应两手无用,要把蟹螯杯。说剑论诗余事,醉舞狂歌欲倒,老子颇堪哀。白发宁有种,一一醒时栽。

这首词,是辛弃疾写给一位志同道合的朋友汤朝美的。汤朝美曾任南宋政府的左司谏,是一个言官。他因敢于指责朝政,发表抗战言论,被贬往新州(今广东新兴县)。辛弃疾归田后,汤朝美也来到信州居留。

在这首词里,辛弃疾对汤朝美怀着火热般感情,高度评价汤朝美敢作敢为的精神,说他敢于堂堂正正地把"谏诤之箭"对着皇帝居住的地方射去;敢于冲破重门深锁,哪怕有虎豹把关。说人们看到汤朝美屡次向皇帝进谏,那是一件担风险的事情,但汤朝美却充满从不妥协的乐观精神,不计较个人安危，而以匡时救弊为己任。接着辛弃疾赞扬汤朝美那一副“忠肝义胆”是能够流传千古的，可惜的是，这样的人物却遭到贬谪，到“万里蛮烟瘴雨”的地方去受苦。

这首词的上阕是说汤朝美的为人，下阕却是谈论词人自己的事情了。辛弃疾说他目前是幽居独处，“笑吾庐，门掩草，径封苔”。门前长满荒草，小道也长满苔藓，这是“门前冷落车马稀”的情景，真乃是彻底被“世人”抛弃了，词中用到一个“笑”字，表明作者对这种处境只有付之一笑，他并不在乎。作者还说到目前自己的两只手，没有事情可做，只能拿着蟹螯酒杯，消磨日子。还说困居家中，无所作为，也只有谈谈“剑”与“诗”这些文人的余事。于是，愁闷至极，便喝点酒，狂歌醉舞一番。他认为这样做是令人悲哀的。人在忧愁中度日，白头发也就看着越来越多了！

这首词充满悲愤之情，是作者胸怀的坦率披露，言辞毫无顾忌，是词人对黑暗腐败的南宋政权的揭露和抗议。

可见，辛弃疾被迫退居带湖之后，并不甘心于过那远离尘世的“隐士”生活，仍然像一匹脱去缰绳、无拘无束的烈性骏马，在原野上狂奔突跳，决心追求、实现他的理想！

历来人们把辛弃疾与苏轼并列，称为词家的豪放派。辛弃疾的作风是外向的，抗争性更强烈。苏轼的作风却是内向的，比较温良恭俭让。我们可以列举苏轼被贬后所写的作品作证明:如熙宁九年苏轼贬官后写的《水调歌头》,说道:“人有悲欢离合,月有阴晴圆缺,此事古难全。”对现实他采取了一种忍让的态度,至多也只是发出一些比较微弱的感叹:“我欲乘风归去,又恐琼楼玉宇,高处不胜寒。”(同上)苏轼是一个具有典型的士大夫气质的文人,而辛弃疾却颇有着一股斗士般的气概。

十二、浅斟低唱

辛弃疾困居于上饶带湖这个小天地里，生活是寂寞的，思想是苦闷的。在那偏僻的山村，他只得寄情于山水，或与相好的朋友们互通信息，借以排遣心中的抑郁。

就说流连于山水之间吧，他有时想效法东晋的隐逸诗人陶渊明，但又觉得自己不同于陶渊明；有时觉得应当以春秋末的范蠡做榜样，待深想一层，又认为此路是走不通的。这种矛盾的心情，在《洞仙歌·开南溪初成赋》里，表现出来了："东篱多种菊，待学渊明，酒兴诗情不相似。十里涨春波，一棹归来，只做个、五湖范蠡。是则是、一般弄扁舟，争知道他家，有个西子。"陶渊明对他的时代，是抱着决裂、不予合作的态度的，这一点，辛弃疾觉得他不同于陶渊明；而范蠡则是功成身退，带着自己的情人西施，放舟于五湖四海之间，这一点，辛弃疾觉得他自己又不是范蠡。辛弃疾是要立志报国的,他以天下安危为己任,以统一祖国为自己奋斗的目标,可是,南宋政权却把他抛弃了!

1183 年,淳熙十年的初春时节,辛弃疾的好友汤朝美要回金坛故乡了。辛弃疾既是羡慕,又感到怅惘。他羡慕他的朋友有故乡可归,“春正好、故园桃李,待君花发。儿女灯前和泪拜,鸡豚社里归时节”(《满江红·送汤朝美司谏自便归金坛》)。辛弃疾自己却是有家归不得,他的故乡济南沦落在敌人的手里。“当日念君归去好,而今却恨中年别。笑江头、明月更多情,今宵缺。”(同上)志同道合的朋友走了,又使他不胜感伤。

公元 1183 年 5 月,传来了前任右丞相叶衡谢世的噩耗;同年秋 8 月,又得悉好友傅安道仙游的坏消息。辛弃疾非常伤心,颇有故交零落的凄凉之感。《鹧鸪天·用前韵,和赵文鼎提举雪》写道:“莫上扁舟访剡溪,浅斟低唱正相宜。”是较如实地反映了此时辛弃疾的心绪的。

《世说新语·任诞篇》记述魏晋时一件文人逸事:王子猷住在山阴乡下,一夜大雪,读左思的《招隐》诗,忽然想起了住在剡溪的好友戴安道,动起了豪情,于是连夜坐船往剡溪访戴。

辛弃疾说的“莫上扁舟访剡溪”,是他对朋友缺乏王子猷那种雪夜访戴的真挚感情吗?显然不是。实际上是,辛弃疾的好朋友走的走了，辞世的辞世了，交游零落，他又能上哪儿去探访“戴安道”呢？只能闷在带湖家中，感叹“浅斟低唱正相宜”罢了！

“浅斟低唱”是北宋词人柳永考进士落第时，所写的词作《鹤冲天》里的一句。当时，柳永的名声不大好，传到皇帝宋仁宗那里，宋仁宗不让柳永出仕，要柳永“且去填词”（见《苕溪渔隐丛话》）。于是柳永便在《鹤冲天》一词里发牢骚说：“忍把浮名，换了浅斟低唱。”这时的辛弃疾，他那不遇于时的苦闷，大抵与柳永有某些类似之处吧。

性情执拗的辛弃疾，有时对朋友也表露出一种孤微自诩、落落难合的态度来。《鹧鸪天·徐衡仲惠琴不受》就是一个例子。徐衡仲是上饶的一个颇有名望的读书人，显然同辛弃疾并不太投脾气。徐衡仲这时送了一张琴给辛弃疾。辛弃疾没有接受。他说，我得到这张琴，我只能用来弹奏《幽愤》诗，徒增痛苦，不如留归你徐衡仲自己，闲暇时伴奏轻松愉快的《南风》诗去娱悦性情，不是更好吗！“人散后，月明时，试弹《幽愤》泪空垂。不如却付骚人手，留和《南风》解愠诗。”辛弃疾的交友标准，看来是严格的。尤其是他如今的处境，他的性情就更加傲岸不群了。

公元1184年的5月11日，是辛弃疾45岁生辰。这时，退职居住在上饶城里的原吏部尚书韩南涧，给辛弃疾送来了一首祝寿词《水龙吟·寿辛侍郎》，其中有句道："南风五月江波，使君莫袖平戎手。燕然未勒，渡泸声在，宸衷怀旧。"看来，辛弃疾的苦闷，引起了他的一些友好的关注。韩南涧比辛弃疾年长23岁，而且在当时"政事文学为一代冠冕"（语见《花庵词选》），是位德高望重的人物，辛弃疾是颇敬重他的。韩南涧说的"使君莫袖平戎手"，含有今日虽被贬谪，但毋忘抗敌报国之意，对辛弃疾既是勉励又是鞭策。辛弃疾生辰的次日，适值又为韩南涧的生辰，于是辛弃疾当即挥就一首和韵《水龙吟·甲辰岁寿韩南涧尚书》，送到上饶韩家。辛弃疾是这样写的：

渡江天马南来，几人真是经纶手？长安父老，新亭风景，可怜依旧。夷甫诸人，神州沉陆，几曾回首！算平戎万里，功名本是，真儒事，公知否。

况有文章山斗，对桐阴、满庭清昼。当年堕地，而今试看：风云奔走。绿野风烟，平泉草木，东山歌酒。待他年整顿，乾坤事了，为先生寿。

这是一首充满斗争精神的词作。辛弃疾被罢官后精神状态到底怎样了？他并没有使人们失望。自从辛弃疾罢官赋闲以来，像韩南涧这样一些主战派的元老重臣，担心辛弃疾从此可能会消极沉沦了，因此韩南涧不由得说了句心里话"使君莫袖平戎手"。想来，辛弃疾接读韩南涧的赠词时，心境当是极不平静的，朋友和前辈的勉励，应当怎样回报呢？响鼓不用重槌敲。他在回答韩南涧的《水龙吟》里，心中就像点燃了熊熊火炬，起句就提出问题："渡江天马南来，几人真是经纶手？"这就是说，宋室南迁已有五六十年了，但是朝廷上到底有几个人真正称得上有志气、有抱负、有雄才大略的治国能手呢？辛弃疾这一问，实际上是否定了执掌南宋政权的那些人物，说他们都不怎么样，不过是一些内不能使政治清明，外不能驱敌复国的蛀虫罢了。辛弃疾如此看待当时的形势和那些掌权者，是很大胆的，也是有见识的。包括接受这首词作的韩南涧尚书，他也不能无动于衷吧。

接着，辛弃疾在词中继续分析了当时的形势，"长安父老，新亭风景，可怜依旧"。据《世说新语·言语篇》记载，东晋初年，渡江南迁的士大夫们，经常相邀在金陵的新亭饮宴，感叹祖国南北分裂，相与对泣。辛弃疾说，可悲的是历史仿佛又循环复归，重演南北朝国家分裂的覆辙。"可怜依旧。"语言乍看似甚轻巧，但感情内涵却是强烈的。从这句话里，仿佛看到词人竟拍案而起了，他在振臂呼喊：绝不能让祖国长期分裂下去啊！

"夷甫诸人，神州沉陆，几曾回首！"王夷甫是晋人王衍的字，他任宰相时，正值匈奴南侵，但王衍每日清谈，不理国事。所以桓温说："遂使神州陆沉，百年丘圩，王夷甫诸人不得不任其责。”（见《晋书·桓温传》）辛弃疾在这里是借古讽今，他实际是说，造成祖国的长期分裂状态，当今朝廷上王夷甫式的人物是要负责任的，他们不以国事为忧，“几曾回首!”把国家大事置于脑后，难道不应当受到谴责!

“算平戎万里，功名本是，真儒事，公知否。”这是辛弃疾对韩南涧那句“使君莫袖平戎手”的回答。他表示，消灭敌人，统一祖国的重任，像我们这些读书人，理应视为己任，是责无旁贷的。由此可见，辛弃疾立志恢复祖国的雄心仍然一如既往，他并没有因为个人在政治上的挫折，而从此沉沦下去。相反，通过朝廷对他的无理革职，他更认清了当今那些王夷甫式的人物，他们排斥主战派的优秀分子，把国家兴亡置于不顾，他们是使“神州”继续“沉陆”下去的罪魁祸首!

这首《水龙吟》的下阕，是对韩南涧的一些颂扬和恭维。韩南涧是不是当之无愧，自然用不着深究了。在人家做寿的时候，说些好听的话，也是人之常情。不过，末了一句:“待他年整顿，乾坤事了，为先生寿。”倒是辛弃疾对这位老前辈表示决心的话。辛弃疾对恢复祖国的大业，似乎还是满怀期望和信心的。

这是一首壮烈慷慨的词作，清代编纂《四库全书》的馆臣说:“弃疾词慷慨纵横，有不可一世之概……”这首《水龙吟》可略见一斑。

应当说，此时的辛弃疾，是他政治生涯的低潮时期。他的思想是充满矛盾的，感情是苦闷的。然而，他有一颗热烈燃烧着的爱国心。

“浅斟低唱”，只不过是一时的气话，他并没有沉沦。

十三、歧路上的友情

辛弃疾一生交游广泛，结识的朋友很多。有同事，有文友，有萍水相逢的泛泛之交，有志同道合的莫逆友好。其中著名的，如韩南涧、傅安道、虞允文、叶衡、洪迈、陆游、朱熹、汤朝美、陈亮、刘过等。交往的时期，先后不一，大都在辛弃疾的词作里留下名字。

值得一提的，是辛弃疾罢官后居留带湖期间，与信州守郑舜举的交情。

辛弃疾在宦途得意的时候，过从紧密的朋友很多，这样的交情虽然也值得记上一笔。但是，在辛弃疾倒霉的时候，所谓能够“烧冷灶”的朋友，倒是更值得欣赏与怀念的。

郑舜举于公元1185年调来信州当州守，此时的辛弃疾已罢官居家四个年头了。郑舜举与辛弃疾过去素昧平生，但是二人却一见如故，竟成知己，这是难得的。

据《青田县志·人物志》载:“郑汝谐字舜举,绍兴丁丑(1157年)进士。颖悟贯治,出入五经,权衡诸史。”“丞相洪景伯荐于朝,孝宗书于御屏曰:‘郑汝谐威而能惠。’授两浙转运判官。时两浙苦旱,举行荒政。”“入为大理少卿,持公论释陈亮。历官吏部侍郎。既老,以徽猷阁待制致仕。自号东谷居士。居乡多惠爱,邑人生祠之。”可见,郑舜举是一个有才干而又爱护百姓的官员。

郑舜举与辛弃疾的交往,虽不见之于史传,但从辛弃疾的词作中,可以想见两人的交情是极深的。辛弃疾的《水调歌头·和信守郑舜举蔗庵韵》,述说了他们二人结识初期的情况:

万事到白发,日月几西东。羊肠九折歧路,老我惯经从。竹树前溪风月,鸡酒东家父老,一笑偶相逢。此乐竟谁觉,天外有冥鸿。

味平生,公与我,定无同。玉堂金马,自有佳处着诗翁。“好锁云烟窗户,怕入丹青图画,飞去了无踪。”此语更痴绝,真有虎头风。

读完这首词,我们仿佛看到,词人辛弃疾轻装简履,戴着竹笠,拄着手杖,兴致勃勃地从带湖来到上饶城隅的富佳山。这里修篁峻岭,古木盘郁,在那石径幽曲处,便是郑舜举的住家了。

“万事到白发，日月几西东。”这自然是作者辛弃疾感叹流年易逝，人很快也老了的意思。王安石《愁台》诗有句：“万事因循今白发，一年容易即黄花。”意思近似，可能是这句词意的出处。辛弃疾前去拜会郑舜举，郑舜举是个有才干的人，辛弃疾也就必然想到自己的身世和处境：他归宋已经有二十多年了，感旧伤怀，有负初衷，而获得的却只有岁月的流逝。辛弃疾的词作，事事感慨，时时感慨，此亦可见一端。

“羊肠九折歧路，老我惯经从。”这大抵是辛弃疾来到郑舜举所居的富佳山前的所见。辛弃疾似乎在一面爬山一面念叨：“好个曲曲弯弯的山路呀，我老头子是走惯了的！”同时，也包含一种虚写成分，暗示他在政治上同样走过了一条曲折的路。有双关意义。

“竹树前溪风月，鸡酒东家父老，一笑偶相逢。此乐竟谁觉，天外有冥鸿。”此处不妨理解为作者写的眼前实景：富佳山上，孤村流水，风物宜人，居民也极质朴，见到外来人，都相与殷勤款待，有如陶渊明在《桃花源记》里所说的“见渔人……便要还家，设酒，杀鸡作食”。这种纯朴的山民们的情谊，谁能领略并理解它呢？只有天外冥冥飞鸿吧！作者写实景而有含蓄之妙，笔触轻快又有浓厚的感情色彩。

“味平生，公与我，定无同。”作者放怀赞美他与郑舜举两人的友谊，说这种朋友间的互相信任和深情，在这个人世间恐怕是难以找到比并的。笔墨很浓，感情很重。论交情用这种提法，在辛弃疾的词作中是罕见的，可以想见二人友情之深厚。在写法上，先有了上面的竹溪、风月、鸡酒和冥鸿的铺垫，便使这句概括性的话，不显得空泛。

“玉堂金马，自有佳处着诗翁。”这两句词的意境，跨度很大，一反一正，留有余地，让读者去仔细体味。“玉堂金马”，是指郑舜举守宰的官邸，但郑舜举并不住在城内官邸，却在城外另觅一处山庄寄住，与山民为邻。所以，下半句才有“自有佳处着诗翁”之说。“佳处”绝非指那“玉堂金马”的官邸，要不然就流于俗了。这也包含作者对“玉堂金马”的鄙视之意。

“好锁云烟窗户，怕入丹青图画，飞去了无踪。”因为是和韵，所以知道这三句是引用郑舜举原词的话。这里有一个出典：相传顾恺之曾以一橱画寄给桓玄，桓玄珍藏了多年，后来开橱取画，发现封题如旧，但画已幻变飞仙了。（见《世说新语·巧艺篇》注引《续晋阳秋》）郑舜举为当时的俊逸文士，家中当亦有珍藏的字画。说要把云烟窗户锁好，不然那屋内的珍藏会神化而去。辛弃疾用郑舜举的原话，借以赞美郑舜举的高雅。

“此语更痴绝，真有虎头风。”顾恺之小字虎头，世称他有三绝：画绝、文绝、痴绝。辛弃疾因上文连类而及，赞美郑舜举兼有顾恺之的“三绝”作风。

这首《水调歌头·和信守郑舜举蔗庵韵》，用直抒胸臆的笔法，畅述与郑舜举交情的笃厚，真挚而动人。

辛弃疾另一首《千年调·蔗庵小阁名曰卮言，作此词以嘲之》，大抵也写于公元1185年。他写道：“卮酒向人时，和气先倾倒。最要然然可可，万事称好。滑稽坐上，更对鸱夷笑。寒与热，总随人，甘国老。　　少年使酒，出口人嫌拗。此个和合道理，近日方晓：学人言语，未会十分巧。看他们，得人怜，秦吉了。”这是辛弃疾拿郑舜举“卮言”小阁的名字借题发挥，写成的一篇讽刺作品。作者用冷嘲热讽的笔法，勾勒出了滑稽、鸱夷和甘国老三个可耻可憎的艺术形象，讽刺的矛头是指向官场上那些只知阿谀奉承、讨好上司而走运的人物，说他们不过是“得人怜”的“秦吉了”。

这首词的创作，表明作者是十分关心政治生活的，对于那些滑稽、鸱夷、甘国老式的官僚，作者是非常憎恨的，可惜国家权力正是掌握在这些人手里。作者说“近日方晓”，表明他过去对这些人误国殃民的行径体会不深，而是近来才逐渐省悟，此其一；其二是辛弃疾竟敢借郑舜举居住的小阁，大发谈论、当然他不是指的郑舜举，但是从这些不拘形迹的地方也可以看出，辛弃疾与郑舜举交情之深厚。

辛弃疾与郑舜举的交情，还表现在郑舜举离任时，辛弃疾写的一首送行词《满江红·送信守郑舜举被召》：

湖海平生，算不负苍髯如戟。闻道是、君王着意，太平长策。此老自当兵十万，长安正在天西北。便凤凰、飞诏下天来，催归急。

车马路，儿童泣。风雨暗，旌旗湿。看野梅官柳，东风消息。莫向蔗庵追语笑，只今松竹无颜色。问人间、谁管别离愁，杯中物。

郑舜举被朝廷征召进京，辛弃疾为朋友的荣升，感到由衷的高兴。“湖海平生，算不负苍髯如戟。”说郑舜举平生五湖四海到处奔波劳碌，现在得到朝廷的征召，算来并没有辜负苍髯如戟伟丈夫的志愿。在这里，辛弃疾是怀着钦羡之情的。相比之下，辛弃疾对于自己眼前被罢官的景况，有一种难言的悲凉。但是，话又说回来，自己的好友荣升了，得到朝廷的重视，总是一件高兴的事吧，所以，在作品中流露出来的情绪还是喜悦的、振奋的。又因为，听说皇上要制定使天下长治久安的大计，这包含着国家要有转机，这也是作者兴奋的重要原因，“闻道是、君王着意，太平长策”。辛弃疾作为封建社会官僚阶层的一个成员，他把自己的和国家的前途都寄希望于皇帝身上，这并不奇怪。当然，辛弃疾对于郑舜举的被征召，是寄托着统一祖国大业这个希望的，“此老自当兵十万，长安正在天西北”。他想象着皇上也是这样决策的，“便凤凰、飞诏下天来，催归急”。现实到底能不能如作者所愿，这是另外一个问题了。

这首《满江红·送信守郑舜举被召》的下阕，作者以饱满的热情，赞美他们两人之间的友谊，赞美郑舜举的为人，赞美他深受人民的爱戴。“车马路，儿童泣。风雨暗，旌旗湿。看野梅官柳，东风消息。”郑舜举要离任走了，这时正是一年当中最美好的春天。野外的梅花，官道的杨柳，被东风吹得很有生气。可是大路上，送行的人们为深得人心的一位官员的离任而失声哭泣。以“儿童泣”，象征老百姓们对郑舜举的依恋之情，以“旌旗湿”，渲染送行人的黯然气氛。“莫向蔗庵追语笑，只今松竹无颜色。问人间、谁管别离愁，杯中物。”笔墨回到写辛弃疾自己的惜别心情了。他说，今后不能再到蔗庵这个地方去回忆我们欢快聚会说笑的情景了，此后山上的竹林和松树因为主人郑舜举的离去而一齐憔悴了！辛弃疾在最后提问，人世间到底什么东西能够管得住别离的忧愁呢？那就只有杯中的酒了。辛弃疾把他同郑舜举的深厚友情，在全词结尾处浓浓地渲染了一笔！

此后，辛弃疾与郑舜举的交谊，并没有因为分离而中断。公元 1190 年，光宗绍熙元年十二月，辛弃疾的另一位好友陈亮入狱，郑舜举正好在大理少卿任上。据《叶水心文集》卷二十四《陈同甫王道甫墓志铭》载：“……台官谕监司选酷吏讯问，数岁无所得，复取入大理。众意必死。少卿郑汝谐直其冤，得免。”考郑舜举与陈亮往还，别无史传记载，《宋史·陈亮传》称：“辛弃疾……素高亮才，援之尤力。”陈亮得免于冤狱，与辛弃疾运用他与郑舜举的交情，居中说项，恐怕不无关系吧。

十四、乡情词的创作

辛弃疾罢官乡居，他失去的是一顶乌纱帽，但他得到的却是有了较多的机会接触民间。田园的绮丽风光、人民群众纯朴的生活情趣，使得离开了宦途羁绊的辛弃疾，眼界为之开阔，他的词曲创作从此有了新的内容和新的境界。

辛弃疾在这个时期，写了数十首反映农村生活的词作，是颇值得注意的。

士大夫阶层出身的文人，创作反映农村生活的作品，历来不是很多的。西晋诗人陶渊明，有田园诗人之称，他写了不少寄意深远的农村题材的五言诗。在中国文学史上，是文人表现民间生活的一个典范。“暧暧远人村，依依墟里烟。狗吠深巷中，鸡鸣桑树颠。”（《归田园居》）成为千古传颂的佳句。唐诗人王维，也写过些反映田园生活的作品。他的“斜阳照墟落，穷巷牛羊归。野老念牧童，倚杖候荆扉。”（《渭川田家》)也得到后来人们的欣赏。曲子词这种新型的诗歌形式,在它刚刚诞生不久,产生过张志和的《渔歌子》:“西塞山前白鹭飞,桃花流水鳜鱼肥。青箬笠,绿蓑衣,斜风细雨不须归。”还有刘禹锡的《竹枝词》:“山上层层桃李花,云间烟火是人家。银钏金钗来负水,长刀短笠去烧畲。”继承了陶诗表现民间生活的传统。但是,等到曲子词广泛被文人们所利用,此后词坛就弥漫着士大夫的台阁气和才子佳人的脂粉气了。像晚唐的词人温庭筠和韦庄,北宋词人欧阳修和晏氏父子,他们的词作,几乎千篇一律都是抒写绮靡生活中的艳事闲愁的,作品的题材非常狭窄。北宋中叶,出现了横放杰出的词人苏轼,他抒豪情,谱哀怨,为北宋词坛的魁首。他也因为政治上的顿挫,长期贬谪在外,生活领域比较宽阔,写过一些反映农村生活的词作,如《浣溪沙》:“簌簌衣巾落枣花,村南村北响缫车,牛衣古柳卖黄瓜。　酒困路长人欲睡,日高人渴漫思茶,敲门试问野人家。”明快清新,有生活气息,不失为一幅工巧的农村生活的风俗画,在文人的创作中也算是难能可贵的了。

辛弃疾的创作才华是多方面的,作品的题材十分广泛。他借鉴了前人表现田园生活的创作经验,自己也着手进行这方面的创作尝试。

较早的一首是写于公元 1186 年春天的《鹧鸪天 · 鹅湖

归，病起作》：

着意寻春懒便回，何如信步两三杯？山才好处行还倦，诗未成时雨早催。

携竹杖，更芒鞋，朱朱粉粉野蒿开。谁家寒食归宁女，笑语柔桑陌上来。

辛弃疾大抵得病刚好，他出门在山路上走了几步便觉得疲倦不堪了。生活的无聊，他只有常喝点酒，求得精神上的暂时麻醉。但是，这次他病后出门，看见山村的一派生机，他的心神便为之一振，并且触发了他的创作欲望。“谁家寒食归宁女，笑语柔桑陌上来。”一阵阵青年妇女们的欢声笑语，从那葱茏一片的桑林中传出，打动了词人辛弃疾那寂寞的心境，使他情不自禁地把眼前的这种情景，摄取到他的作品里。

这首词作，颇为生动地反映了辛弃疾是怎样走出他的带湖书斋，去接触新鲜活泼的田园生活，进而开始他表现农村生活的创作尝试的。

就像一个吃惯了山珍海味的人，偶然尝到了一顿粗食菜根，便觉得非常美味可口一样，从此也爱上了素食。辛弃疾经历了一场宦途坎坷，乍看到人民群众中间的那种纯朴无邪的生活，一下子便被这种新鲜的生活情趣打动了，从此，他在创作上开拓出了一个新的局面，并给作品平添了一重新的境界。

在《清平乐·博山道中即事》里，辛弃疾写道：

柳边飞鞚，露湿征衣重。宿鹭窥沙孤影动，应有鱼虾入梦。

一川明月疏星，浣纱人影娉婷。笑背行人归去，门前稚子啼声。

这是辛弃疾描写他在一次旅途中的见闻。他骑着马儿在江边的柳树行里缓缓穿行，晨雾把他的衣衫都打湿了。在苇丛中，一只鹭鸶鸟在那儿打盹，身子不时地摇动，作者想，鹭鸶鸟大概正在做着一个鱼儿虾儿游到它跟前来的美梦吧！这时，平川上一派月色，天上还有些稀稀落落的晨星。天刚刚黎明，那浣纱的妇女们就人影憧憧地来到河边。人们正有说有笑走下河滩，忽然间其中一个妇女笑着转身跑回家去了。原来是她听到了孩子在家门口的啼哭声。

这时的辛弃疾，可以说是官场上的失意者。他被南宋政府排斥在外，在家赋闲，他的报国抱负，他的满腔雄心壮志，算是落空了。辛弃疾在政治上受到的打击，感情上受到的创伤，无疑是沉重的。但是，这时候，当他走出了他在带湖幽居的小天地，他仿佛看到了一线光明，田园的美，人民群众纯朴的生活和健康的感情，给了他精神上巨大的慰藉。乡间的生活并不是寂寞的，在那里完全不同于官场尔虞我诈的阴暗世界，那里存在着人与人之间的同情和爱，存在着下层劳动者美好的情操。于是，辛弃疾被眼前这些新鲜的东西吸引住了。他好像是一个拿着五彩画版来到春天郊野的写生者，他把眼前看到的，使他深受感动的每一个画面，每一个生活的影像，都满怀感情地细致地描画下来了

“一川明月疏星，浣纱人影娉婷。”他把乡间妇女们的辛勤劳作，描绘得那么美，那么无忧无虑，“娉婷”二字又是那么得宜，把那妇女们在劳动中的喜悦场景，逼真地淋漓尽致地表现了出来。陶渊明在《归田园居》里写的：“种豆南山下，草盛豆苗稀。晨兴理荒秽，带月荷锄归。”那是一种田园生活的粗犷美，也可以说是写男子劳动生活的美。而辛弃疾笔下的，却是一种妩媚的美，是妇女劳动生活的美。

然而，辛弃疾并没有停留在对一般表面场景的描写，他的笔触还深入到了人们的内心。“笑背行人归去，门前稚子啼声。”据说，母亲对自己孩子的一啼一笑，都是非常敏感的。孩子在家门口啼哭要找妈，在这些人影娉婷的浣纱妇女中的妈妈，听到了自己孩子的哭声，于是，她悄没声地背着人们回家看她的孩子去了，这“娉婷”的人群，或许还没有发觉呢！这里写的就是人所共有的天性——母爱吧！作为封建士大夫阶层中一员的辛弃疾，他观察到了这种场景，并被这种场景感动了，被那纯真的母亲对孩子的爱感动了。

《清平乐·博山道中即事》只不过是词中的一首小令，它

的容量是有限度的，但是，如果拿它来和上文引述的张志和的《渔歌子》和刘禹锡的《竹枝词》相比较，辛弃疾此词却高出一筹，它不仅有画面美，而且还写出了心灵美。

辛弃疾的代表作，当然还是他的那些抚时感事的政治辞章。在那里，他表现的是国家、民族斗争的重大主题，壮怀激烈地展示他的平生抱负。如果用一个交响乐团演奏做比喻的话，一部交响乐，有主旋律，同时也有副旋律。副旋律的多样性和曲折性，可以把主旋律的规模衬托得更加宏大和丰富多姿。辛弃疾退居乡下的日子，在创作题材方面的多方面探索，创作了一批不同于那些抚时感事的，而是比较细腻描写民间生活情趣的乡情词，这是作者生活视野宽广和创作才能多方面的表现。辛弃疾的乡情词，作为艺术品，还是很有特色的，它表现在：

第一，辛弃疾的乡情词，最富于情节美，表现“静”的场面常常有“动”的艺术效果。

如，创作于公元1187年的《清平乐·村居》：

茅檐低小，溪上青青草。醉里吴音相媚好，白发谁家翁媪？

大儿锄豆溪东。中儿正织鸡笼。最喜小儿亡赖，溪头卧剥莲蓬。

作者先给我们展开了一幅宁静的农村生活画卷：一座低

矮的茅屋，坐落在一条南北流向的小河旁。河两岸是绿茸茸的青草。作者喝了几杯酒后，带着微微的醉意来到了小河边，只听得一阵悦耳的江西方音，从茅檐下传了出来。作者这时抬头一望，啊，原来是谁家的老两口在闲聊呐。“谁家”两字，暗示着作者并不认识他俩。接着发生的情况，也许作者兴致勃勃地同老两口搭上了话，也许作者还待在河边，静静地继续谛听老两口对话。这些情形，在词里被省略去了。下片描写老两口的三个儿子，在做着不同的活动。老两口显然最疼爱那个小儿子，尽管他顽皮、不干活、躺在河边剥吃那些生莲蓬，但他是多么天真！这首词表现了农家的欢乐，那是一种天伦之乐，是非常纯真的。

我们设想一下，如果用散文把上述的场面和人物活动记下来，可以组织成一篇优美的小品；如果用线条和水粉把这种情景描绘下来，那将又是一幅生意盎然的风俗画。这首《清平乐·村居》既有散文的叙事美，又有画面的视觉美。而作者的匠心所在，又是他词中所要传递给人们的那种人情美。

另一首《清平乐·检校山园，书所见》同样具有很强的情节性：“西风梨枣山园，儿童偷把长竿。莫遣旁人惊去，老夫静处闲看。”这简直就像电影艺术里的所谓“蒙太奇”，连续性、行动性是那么强烈。

辛弃疾的乡情词，另一个显著特点是运用白描的手法，用生活本身的形式，用平常的生活语言，不加烘托，勾勒出鲜明的生活形象。

如《鹧鸪天·戏题村舍》写的："新柳树，旧沙洲，去年溪打那边流。自言此地生儿女，不嫁余家即聘周。"

又如《鹧鸪天·游鹅湖，醉书酒家壁》写的："闲意态，细生涯，牛栏西畔有桑麻。青裙缟袂谁家女，去趁蚕生看外家。"

辛弃疾的那些抚时感事的政治词，有一个很大的特点是，喜欢"掉书袋"，用典很多。但是，他的乡情词，却一反他自己惯用的表现方法，完全使用普通口语。把普通人的普通生活，写进词里。

辛弃疾的乡情词还有一个特点是，他或写一景，或叙一事，或论一人，往往是有为而发，有所寄托，用来表达他的美好理想或美好情操。

《清平乐·独宿博山王氏庵》就是一例："绕床饥鼠，蝙蝠翻灯舞。屋上松风吹急雨，破纸窗间自语。　平生塞北江南，归来华发苍颜。布被秋宵梦觉，眼前万里江山。"作者在博山王氏庵借宿，半夜被老鼠、蝙蝠和风雨声惊醒，秋宵无寐，浮想联翩，想到平生的雄心壮志未能实现，祖国半壁河山尚未收复，人却老了。寥寥数语，作者那忧国忧民的情操，以及没有说出来的但却隐含着的那种对权奸误国的指斥，一一跃然纸上。

又如《鹧鸪天·代人赋》："陌上柔桑破嫩芽，东邻蚕种已生些。平冈细草鸣黄犊，斜日寒林点暮鸦。　山远近，路横斜，青旗沽酒有人家。城中桃李愁风雨，春在溪头荠菜花。"对春日的乡村，做了一一描绘之后，在结尾的两句里，作者以第三人称的议论，注入了自己对城里人和乡里人的不同观感，指出真正的春光却在乡村，这实际上是对于住在城里的达官贵人们的一种含蓄的嘲讽。

当然，也无须隐瞒，辛弃疾的乡情词，士大夫阶级的观点还是比较明显的，他把农村描写得处处都是一派升平气象，没有矛盾，没有痛苦，丰衣足食，这是太理想化了。在晚唐以至宋代，一些现实主义的作家，在笔下曾经写过："父耕原上田，子劚山下荒。六月禾未秀，官家已修仓。"（聂夷中《田家》）以及"南山尝种豆，碎荚落风雨。空收一束萁，无物充煎釜。"（梅尧臣《田家》）这样深切同情人民疾苦的作品。如果说，辛弃疾只是写了乡村的光明面，这是为作者开脱了。实际情况可能是，辛弃疾平时接触下层人民的机会太少。他住在那座并不太豪华也不太简陋的带湖庄园里，"谈笑有鸿儒，往来无白丁"，这就大大地限制了他的眼界。

十五、秾丽绵密的爱情词

晚唐五代以来，曲子词作为诗歌的一种新体裁兴起之后，无论是文人的雅词，还是民间的俚词，无论是大家如欧阳修、二晏、柳永，还是一般的词曲作者，作品的内容，大都没有突破“词为艳科”的藩篱，写男女相思离别之情的东西充塞着整个词坛。到了北宋中期，由于苏轼的倡导，词风开始发生了变化。胡寅在《酒边词》的序言里指出了这种变化，他说：“眉山苏氏，一洗绮罗香泽之态，摆脱绸缪宛转之度，使人登高望远，举首高歌，而逸怀浩气，超乎尘垢之外，于是《花间》为皂隶，而耆卿为舆台矣。”

只有一个流派，只有一种风格，词坛是没有生气的。所以，眉山苏轼的“举首高歌”，打破了晚唐五代以来词坛由《花间》《尊前》一派独尊的局面，促使了词曲创作题材和风格的多样化，无疑是立了一大功。但是，反过来，只赞美苏轼的豪放一派，而轻视甚至否定《花间》《尊前》所代表的婉约一派，则也有偏颇。艺术繁荣的重要标志应当是风格流派的多样化。辛弃疾词曲创作的一个显著特点，是能融会各家创作所长，而形成自己的风格。

辛弃疾的词风以豪迈雄大见长，这方面的作品是很丰富的。但是，辛弃疾也同时创作了一批以婉约秀媚而著称的作品。这些作品有如娇艳的春兰，与他的另一部分有如傲霜秋菊的作品，争妍斗艳，显示了作家生活的广阔和才华的超绝。我们阅读辛弃疾豪迈雄大的词作，可以窥见这位杰出的爱国词人慷慨轩昂的磊落品格；但他那妩媚多姿的另一部分作品，却在不同的生活侧面给我们打开了词人的心扉，使我们领略他的丰饶多姿的艺术才华。辛弃疾的胸怀是博大的，而不是狭小的，他的生活与才华是深厚的，而不是菲薄的。《宋四家词选·序论》说："稼轩敛雄心，抗高调，变温婉，成悲凉。"这意见是中肯的，概括了稼轩词的基本风貌。然而，毛晋在《稼轩词跋》里则说，"词家争斗秾纤，而稼轩率多抚时感事之作，磊落英多，绝不作妮子态……"只就稼轩词的基调而言是正确的，但是，历来诗词均以言情见长，是难以绝对排斥所谓"妮子态"的。薛雪在《一瓢诗话》里说得好："千古杜陵佳句在，'云鬟''玉臂'也堪师。"就连被赞誉为"诗中之圣"的杜甫，也写过像"香雾云鬟湿，清辉玉臂寒"这种多少带有"妮子态”的诗句。以道学先生的志趣，要求诗词作品“不食人间烟火”，未免失当。

辛弃疾固然创作了不少“大声镗鞳”的抚时感事的词章，但“稼轩词，中调、小令亦间作妩媚语”（邹祗谟《远志斋词衷》语），其中颇有不失为优秀的篇章。

辛弃疾作于公元1187年的《青玉案·元夕》一词，描写了一个追求者在华灯灿烂、香车塞途的元宵佳节，怀着对被追求的人的无限思慕眷恋之情，在节日赏灯的人山人海里，怎样等待、寻求以至终于见面的经过，写得缠绵而妩媚，在稼轩词中非常引人注目：

东风夜放花千树。更吹落、星如雨。宝马雕车香满路。凤箫声动，玉壶光转，一夜鱼龙舞。

蛾儿雪柳黄金缕，笑语盈盈暗香去。众里寻他千百度，蓦然回首，那人却在，灯火阑珊处。

你看，节日街头的无数彩灯，像被东风吹开的千树银花，又像是撒落人间的满天星斗。这种写法，有点像近代的电影镜头，先摄近景，然后拉开中景和远景，极有层次。他接着写的是，大路上宝马雕车来往穿梭，飘过阵阵沁人的香风，悠扬动听的箫管乐曲从四处传来，五色琉璃嵌制的花灯悬挂在街头晃耀夺目，加上人们高高举着的鱼形的或龙形的彩灯沿街转来转去，眼前就像一片灯火的海洋。成群结队的披戴着满头珠翠、闹蛾、雪柳这些节日花饰的妇女们，说着笑着穿过在灯火掩映下的初春的鹅黄色的柳条。当她们走过后，空气中留下缕缕幽香。这时，却有一个人儿目光四转，像在寻找着和等待着什么似的。当她回眸的刹那间，突然惊喜若狂，原来发现她所寻找的那个意中人，正站在若明若暗的灯火之中。

一般研究者认为，这是辛弃疾别有寄托的一首词作。说他在词中描写的那个追求者，追求的是一个不同凡俗、自甘寂寞，大有迟暮之感的人。这反映了作者在失意后的冷落心情，政治上有所指云云。

中国的古典作家们，描写男女间的爱情生活，都是比较含蓄蕴藉的，不像西洋文学作品那样恣肆直露。《诗经》和《楚辞》里有些非常坦率的爱情描写，后来的儒门子弟又都给解作什么“后妃之德，文王之化”，所谓“忠君爱主”之辞。这样，就实际上取消了表现爱情生活的作品的合理存在。我们不禁要问，难道文人们就不许创作一些情诗情词？一旦牵扯到男女之情，就不胜其道德的压迫，而非把它说成是什么别有寄托之作。其实，元稹的莺莺诗，李商隐的某些无题诗，所写的就是男女之间的情诗，是不必穿凿为有什么寄托的。同样地，辛弃疾在政治失意的时候，他写的情诗就是情诗，也无须曲解为别有政治寄托。

辛弃疾在一首《蝶恋花·客有“燕语莺啼人乍远”之句，用为首句》里写道：“燕语莺啼人乍远。却恨西园，依旧莺和燕。笑语十分愁一半，翠围特地春光暖。　只道书来无过雁，不道柔肠，近日无肠断。柄玉莫摇湘泪点，怕君唤作秋风扇。”本来就是一首明明白白的“闺怨词”，把思念远方情人的感情写到了极限点，“不道柔肠，近日无肠断。”深沉、细密、情致缠绵，又何必在其中寻找什么“寄托”的意义呢？

晚唐五代的著名词人温庭筠和韦庄等人，以写艳词见长，他们的作品反映了社会生活的一个方面。同时，他们在艺术上描写细腻，感情深挚，语言精妙，是词家婉约派的代表。辛弃疾在艺术上是没有门户之见的，注意汲取不同风格流派的各家之所长，上面的这首《蝶恋花》便是一个生动的例子。

古代文人们笔下的爱情诗词，从表现的内容来说，大致可以分为四类：一、幽期密约；二、失恋及悼亡；三、狎妓追欢；四、离别苦闷。

辛弃疾的《青玉案·元夕》，可以归属第一类。第二类作品，在辛词中极少见。第三类作品，辛弃疾也写过个别篇章。而第四类，即写离别苦闷的作品，在辛词中是比较多的。如《清平乐》写道：

春宵睡重，梦里还相送。枕畔起寻双玉凤，半日才知是梦。

一从卖翠人还，又无音信经年。却把泪来做水，流也流到伊边。

写一个闺中少妇，与所爱的人一别经年，音讯全无，生死未卜。是所爱的人变了心？还是发生了什么意外？写这个闺中妇人做了一个梦，梦见当年分别时的情景，她待要找寻玉钗分一半与所爱的人做纪念时，才惊醒过来知是个梦。写得情凄意切，感兴淋漓，既然与所爱的人长久别离而不能见面，又无书信，每日只好以眼泪洗脸了。她想象自别离后流的泪水都能汇流成河，这由泪水汇成的河水，也早就能流到所爱者身边了。描写得惟妙惟肖，细腻感人。如果不是作家的笔触深入到描写对象的心灵深处，把握住在特定环境下的特定性格，捕捉到足以代表别离人感情痛苦的特征，是产生不了这种艺术效果的。

又如《鹧鸪天·代人赋》写的："肠已断，泪难收。相思重上小红楼。情知已被山遮断，频倚阑干不自由。"明知登上高楼，也是望不见天涯远人的，但是她仍然"相思重上小红楼"，极目天涯，寄托愁思。写她"重上"而不是"初上"，这是说她上红楼是不知多少次了，这就更深刻地表达了怀念离人的痛苦。

有一首《满江红》也是写离人痛苦的，他写道："但试把、一纸寄来书，从头读。　　相思字，空盈幅；相思意，何时足。滴罗襟点点，泪珠盈掬。”这是写收到了远方人的来信，但是只有信，人却不能见面，那分离的痛苦仍旧不能解脱，于是也就滴透罗襟，满把泪水了。

过于求凿，望文生义地寻找什么政治寄托，这是文学批评中的庸俗社会学。但是，文学作品总是社会生活的反映，是作家世界观的自然流露。辛弃疾创作了一批抒写离情别绪而陷于苦闷的爱情词作，无疑是南宋乱离社会生活的反映，同时也是作为一个“乱离人”身份的辛弃疾，他自身感情的写照。“舒而脱脱兮，无感我帨兮，无使龙也吠！”（《诗经·召南·野有死麕》）描写的是封建社会初期，天真无邪的男女幽会的情景，这种爱情的描写是那样坦露直率，没有后来封建社会发展起来之后，“男女授受不亲”的儒家思想的束缚。“昨夜星辰昨夜风，画楼西畔桂堂东。身无彩凤双飞翼，心有灵犀一点通。”（李商隐《无题》）写的是封建社会成熟期，才子佳人的爱情生活，虽思念甚深，却碍于封建道德观念，只能把情思一再压抑。“……低声问：向谁行宿？城上已三更！马滑霜浓，不如休去，直是少人行！”（周邦彦《少年游》）据说这首词是周邦彦伏在名妓李师师床下，听宋徽宗的谑语，隐括而成的。一代君主，六宫粉黛嫌尚不足，乃与一书生争一歌妓。这反映了北宋城市生活的发展，皇上也居然微服来到歌楼妓院寻欢取乐。在辛弃疾的笔下，既很少描写少年男女的欢爱，更没有写那些风流才子狎妓追欢，而大量出现在他笔下的，却是别离人的苦闷和忧伤。这是什么原因呢？祖国南北割裂，这本身就造成了成千上万的家庭离散，父母、兄弟、姐妹、夫妇的分离，这是当时南宋社会的普遍现象。辛弃疾远离故乡，南归投宋，又何尝不备受亲人失散的痛苦？所以，他笔下屡屡出现离人痛苦的辞章，是比较易于理解的了。

“无情未必真豪杰”，这是鲁迅先生的名言。辛弃疾作为南宋一代英豪，然而他又是一个富于人间儿女感情的人。在政治生涯上他能慷慨悲歌，在男女爱情方面也时常能吟出一些抒情小唱，这就更加证明辛弃疾的才华是多方面的，他不是感情贫乏的呆子。他也曾写过一些近乎调谑嬉戏的篇章，如有一首《寻芳草·调陈莘叟忆内》写道：

有得许多泪，更闲却、许多鸳被。枕头儿、放处都不是，旧家时、怎生睡。

更也没书来，那堪被、雁儿调戏。道无书、却有书中意，排几个、人人字。

陈莘叟大概是个外刚内柔的人物，辛弃疾偶一逢场作戏，写了这首词戏谑这位离家在外的朋友。写法采用陈莘叟想象他的内人在家，如何思念陈莘叟落笔，用的都是大白话，却字字情真。尤其是末句写的，说那雁儿没有捎信来吗，那排成人字形的雁行，不正是远方捎来的信吗！

辛弃疾的那些温婉柔媚的词作，善于把强烈的感情，熔铸在他所塑造的艺术形象里，形神兼备，而且形象流动，感情真挚。对于辛弃疾的这些词作，刘克庄在《后村诗话》里说："其秾丽绵密处，亦不在小晏、秦郎之下。"辛弃疾兼有晏几道和秦观的才华，而晏几道和秦观却没有辛弃疾的广阔胸襟和多方面的艺术修养。辛弃疾不愧是宋代词坛的大家。

十六、自然“美”与“力”的颂歌

西洋文学，迟至18世纪感伤主义流派才提出“返回自然”的口号。等到19世纪，欧洲浪漫主义流派的作家们，才广泛着力描绘自然景物，赞美雄伟的高山，辽阔的大海，人迹罕至的原始森林，纯朴恬静的田园风光，或者奇特的异国景色，用以打开人们的眼界，寄托渴望自由的理想。

在中国，对大自然的“美”与“力”的赞颂，则是中国古典文学特别是古典诗词创作的一个优良传统。成书于公元前6世纪的中国最早的诗歌总集《诗经》，就有对于大自然的描绘。《文心雕龙·物色篇》说：“‘灼灼’状桃花之鲜，‘依依’尽杨柳之貌，‘杲杲’为日出之容，‘瀌瀌’拟雨雪之状，‘喈喈’逐黄鸟之声，‘喓喓’学草虫之韵。”这就是中国早期的那些作家们对大自然的描写。生活在公元前3世纪的中国最早的大诗人屈原，在他的作品《离骚》里，对大自然便有更生动的描写。特别是他的《天问》，对自然界提出的怀疑和质问，其想象之丰富，语言之优美，以及融会民间神话传说，塑造成功鲜明的形象所达到的艺术成就，为后世所难以企及。可惜到了汉代，屈原的浪漫主义文学传统被人忽略了，一批辞赋家们把对大自然的描写只局限于帝王的苑囿，讲究文字的夸饰与音韵，日渐陷于“雕虫篆刻”的形式主义死胡同里，文学也随之丧失了生气。

魏晋南北朝时期，中国文坛涌现出一批山水诗人，著名的如谢灵运、谢朓和鲍照。在他们的笔下，把我们祖国的山河写得很壮美。但他们的缺点则是词藻过于绮丽，虽然，时有所谓“险句”，然而其累于繁富，伤于刻画，或夹杂玄理语，韵味嫌不足。有唐一代，诗运兴隆，产生了像王维和孟浩然一类山水诗人，他们的特点是诗中有画，有耐人的韵致，真能写出自然山水之美，缺点是气魄不足，给人的印象大多是些小摆设，思想内容也比较贫乏。至于晚唐以后兴起的词曲，描写自然山水的作品几乎是凤毛麟角，还远不如魏晋六朝和唐代的诗反映得多，其原因是曲子词为市井的产物，词人多数出入于歌楼妓馆，与山水田园似乎没有什么缘分。

词人辛弃疾，由于他流落江湖数十年，他的生活领域和创作题材十分宽广，因此，他的笔下不乏对大自然的种种描绘，虽然数量并不太多，但气象万千，别具一番情趣和境界。

可以考知创作年代的，如作于公元 1186 年的《水龙吟·题雨岩。岩类今所画观音补陀。岩中有泉飞出，如风雨声》，他写道：

补陀大士虚空，翠岩谁记飞来处？蜂房万点，似穿如碍，玲珑窗户。石髓千年，已垂未落，嶙峋冰柱。有怒涛声远，落花香在，人疑是、桃源路。

又说春雷鼻息，是卧龙、弯环如许。不然应是：洞庭张乐，湘灵来去。我意长松，倒生阴壑，细吟风雨。竟茫茫未晓，只应白发，是开山祖。

通篇都用一答一问，否定肯定的句法，细致而又有气势地描写了雨岩洞内的绮丽的天然景观。这座“雨岩”溶洞，从它外形看，很像佛家所说的那位观音大士，可当人们走进去，又会发现它内部空阔，别有洞天。辛弃疾用密集的“蜂房”，玲珑的“窗户”，形容岩洞内的所见。那喀斯特生成的“石笋”，有的垂挂半空，有的植入地面，辛弃疾把它比喻为“嶙峋”的“冰柱”。这是描写所见。然而，洞内还不只有这些奇特的“冰柱”，还能隐约听到“远处”有“涛声”阵阵，待要向前细看时，发现幽径逶迤，地下还似有落花的香味，于是人们不禁疑问，这是否就是当年武陵人发现的桃源路呢？接着，辛弃疾描写他听到的“涛声”：那是春雷的滚滚响动吧，还是这儿蜷伏着“弯环如许”的卧龙？要不然，那是黄帝在洞庭之野奏乐传来的乐曲声，或者是《楚辞》里描写的那位湘夫人来到了这个地方翩然起舞？如果都不是的话，那么就是岩洞阴壑中生长着万顷长松，在风雨中吟咏了。作者在归结全篇的立意时，仰头细看那嶙峋的冰柱，回答上片提出的“翠岩谁记飞来处”的问题，想象那开凿这巨大溶洞的祖先，如今应已白发苍苍了吧！作者运用神驰的想象，把游雨岩的所见所闻，刻画得形象生动，令人久久不能忘怀。一篇小令，竟如同一篇内容宏富的游记文章。

辛弃疾写游雨岩的所闻所见，意犹未了，他看到这雨岩洞前有一块怪石，竟也引起了另一番冥思遐想，接着又写了一首《山鬼谣·雨岩有石，状怪甚，取〈离骚·九歌〉，名曰山鬼，因赋〈摸鱼儿〉，改今名》：“须记取：昨夜龙湫风雨。门前石浪掀舞。四更山鬼吹灯啸，惊倒世间儿女。”更是上天入地，浮想联翩，把山间的石头也神话化了。

人们说，诗是诗人对自然的模拟。这句话，用来形容某些诗人的作品，无疑是恰当的。如南北朝时期的那个山水诗人谢灵运，他为了“模山范水”，《南史》中的列传说他“凿山浚湖，功役无已。寻山陟岭，必造幽峻，岩嶂数十重，莫不备尽。登蹑常著木屐，上山则去前齿，下山去其后齿。”有一次，他上山伐木开路，从者数百人，竟被人惊疑是山贼。谢灵运的山水诗，可以说是“对自然的模拟”，他的佳句代表作有：“昏旦变气候，山水含清晖。”(《石壁精舍还湖中作》)“白云抱幽石，绿筱媚清涟。”(《过始宁墅》)“扬帆采石华，挂席拾海月。”(《游赤石进帆海》)“春晚绿野秀，岩高白云屯。”(《入彭蠡湖口》)够了，这就是刘勰称为“繁富”，沈约称为“兴会标举”的谢灵运的山水诗。谢灵运由于游览的山水很多，观察自然景物很仔细，他的诗确能真实地反映山水中存在着的自然美，给人以清新可爱之感，同时也显示了作者的艺术匠心。但是，谢灵运的艺术成就也只是在“模拟自然”方面。打个不尽合适的比方，犹如摄影机底下的一帧风景照片，尽管在裁剪角度上下了些工夫，甚至独运匠心，然而，它不过是把自然景物摄入镜头里罢了。

不能否认，辛弃疾的山水词章，是在学习了前人艺术经验的基础上发展起来的。但是，辛弃疾不仅对自然观察入微，而且更重要的是他富于想象，给自然赋予人格，同时又兼有磅礴的气势。这是在他以前的古典山水诗人所不能比拟的。

辛弃疾有一首《木兰花慢》，写作年份不可考了，作者在题序里说：“中秋饮酒将旦，客谓前人诗词有赋待月、无送月者，因用《天问》体赋。”这表明，辛弃疾的创作，是有所继承，又有所创新的。“因用《天问》体赋”，在艺术形式上，他借鉴了屈原赋；“前人诗词有赋待月、无送月者。”在作品的内容方面，他又力戒拾前人的牙慧，力求创新，自辟蹊径。全词的内容是：

可怜今夕月，向何处、去悠悠？是别有人间，那边才见，光影东头？是天外，空汗漫，但长风浩浩送中秋？飞镜无根谁系，姮娥不嫁谁留？

谓经海底问无由，恍惚使人愁。怕万里长鲸，纵横触破，玉殿琼楼。虾蟆故堪浴水，问云何玉兔解沉浮？若道都齐无恙，云何渐渐如钩？

这首《木兰花慢》的艺术构思是非常奇特的，用现代的话来说，那真是异想天开。词人对宇宙提出的质疑，不仅是想象力丰富，而且竟也符合现代的科学发现。近代学者王国维深为欣赏地说过，辛弃疾直觉地猜到了“月轮绕地之事，与科学上密合，可谓神悟”(《人间词话》语)。

的确，前人赋月的词章，可谓盛矣。最著名的要数苏轼的《水调歌头·丙辰中秋，欢饮达旦，作此篇兼怀子由》。他写道：“明月几时有，把酒问青天。不知天上宫阙，今夕是何年。我欲乘风归去，惟恐琼楼玉宇，高处不胜寒。起舞弄清影，何似在人间。　转朱阁，低绮户，照无眠。不应有恨，何事长向别时圆？人有悲欢离合，月有阴晴圆缺，此事古难全。但愿人长久，千里共婵娟。”这是苏轼的代表作。此词把抒情、写景和议论熔为一炉，结构动荡跳跃，列为古今词作的名篇佳作是无愧的。但是，若论作品的艺术构思，驰骋想象，旧题材而翻新意方面，《水调歌头》较之《木兰花慢》，是略逊一筹的。辛弃疾的“飞镜无根谁系，姮娥不嫁谁留”？与苏轼的“我欲乘风归去，惟恐琼楼玉宇，高处不胜寒”，艺术构思的水平相当，没有越出人们的意料之外。但是，辛弃疾惊人的地方是，“可怜今夕月，向何处，去悠悠？是别有人间，那边才见，光影东头？”天将拂晓，月亮西沉了，月亮到底又往何处去了呢？辛弃疾提出假设，月亮此刻又到了东边去了，那里会另有人间所在吧！这样的想象力，不仅为苏轼的《水调歌头》所不可企及，而且古往今来那么多的赋月的辞章，都没有达到这样的构思水平。

意境开阔雄大，着力赞颂自然“力”，这是辛弃疾的那些歌唱大自然的所有作品的一大特色。“天上飞琼，毕竟向、人间情薄。还又跨，玉龙归去，万花摇落。”(《满江红·和廓之雪》)，写的是雪景；“看纵横斗转，龙蛇起陆；崩腾决去，雪练倾河”。(《沁园春·弄溪赋》)写的是流水；“凤驾催云，红帷卷月，泠泠一水会双星。”(《绿头鸭·七夕》)写的是乞巧节之夜。总之，辛弃疾对于自然“力”，总是赋以雄奇的色彩和奔腾的气势，使艺术形象鲜明而有流动感。

与此同时，辛弃疾的作品又处处表现了大自然的形神美，给人以深刻的美的享受。这一特点，在辛弃疾大量的咏物词作中表现尤为突出。他写水仙:“云卧衣裳冷。看萧然、风前月下,水边幽影。罗袜生尘凌波去,汤沐烟波万顷。爱一点、娇黄成晕。”(《贺新郎·赋水仙》)他写牡丹:“玉肌红粉温柔,更染尽、天香未休。”(《柳梢青·和范先之席上赋牡丹》)他写梅花:“未应全是雪霜姿,欲开时,未开时。粉面朱唇、一半点胭脂。”(《江神子·赋梅,寄余叔良》)他写荷花:“红粉靓梳妆,翠盖低风雨。占断人间六月凉,明月鸳鸯浦。根底藕丝长,花里莲心苦。只为风流有许愁,更衬佳人步。”(《卜算子·为人赋荷花》)他写山茶:“酒面低迷翠被重,黄昏院落月朦胧。堕髻啼妆孙寿醉,泥秦宫。　　试问花留春几日,略无人管雨和风。瞥向绿珠楼下见,坠残红。”(《添字浣溪沙·与客赏山茶,一朵忽堕地,戏作》)春兰秋菊,四时花卉,它们本身使人赏心悦目,它本来就包含了美的内在因素。然而,在辛弃疾的笔下,朵朵花枝,似乎都是能言能语的,婀娜多姿,各有态度,使原本便是美的事物更美了,感人的力量更强烈了。

历来那些优秀的咏物辞章,一般都有两个特点:其一,能把自然物曲尽其妙;其二,既赋物又言情。这两个特点,概括起来,可以归纳为两个字,一个是“形”,另一个是“神”。形与神兼备,才是艺术作品的上乘。辛弃疾的咏物词,包括他的山水词在内,都具备了以上所说的两个特点。所以一般都能做到描写准确，比拟生动，而又富于性格化，所以，它的艺术价值是很高的。

辛弃疾生活在南宋的乱离时代，归宋后又历尽了坎坷，他创作了为数众多的抚时感事之作，尽情倾诉胸中的愤懑与不平，这是容易理解的。但在他政治上最困顿的时候，罢官在家，往日的雄心壮志眼看着要付之东流了，难道此时他还有多余的闲情逸致去歌颂大自然吗？还有过剩的感情倾注给那“力”和“美”的创造吗？这就如同欧洲18世纪感伤主义流派曾响亮喊出“返回自然”的口号一样，作家们赞美“自然”，是因为他们憎恶“现实”。面对现实生活中不合理的丑恶现象，作家们追求美的理想，只有在“返回自然”的世界里去寻求。这样，我们就不难理解，辛弃疾既致力于创作抚时感事的辞章，同时又着力于创造歌唱大自然的“美”和“力”的作品。前者是现实的，后者是理想的，前者是愤怒的，后者是带笑的。现实与理想，愤怒与带笑，都是辛弃疾伟大的现实主义艺术的胜利。

十七、鹅湖之会

辛弃疾平生，有不少志同道合的好朋友，其中就有大谈特谈“义利双行，王霸并用”的功利主义思想家陈亮。

陈亮是婺州永康（今属浙江）人，比辛弃疾小三岁。《宋史》中称他：“为人才气超迈，喜谈兵，论议风生，下笔数千言立就。”是个能文能武，能说能写的人物。年轻时，就得到婺州郡守周葵的赏识和荐引，结识了不少豪俊之士。“隆兴和议”成立，贪图苟安的一批朝野人士表示拥护，陈亮却坚持否定的态度。淳熙五年，即公元 1178 年，陈亮到临安，上书孝宗皇帝，反对“和议”，力主抗金，痛斥前朝投降派的头子秦桧是“国之贼”，提出“任贤使能”“简法重令”的主张，但未被采纳。就在这时候，经吕祖谦的介绍，陈亮结识了辛弃疾。从此，他们便成为莫逆的朋友，时常聚会，十分相得。

但是，两人后来却“云泥异路”了。陈亮上书未遇，愤然离开临安,回家后,“以与世不合,甘自放弃于田夫樵子之间”(陈亮《刘氏夫人陈氏墓志铭》)。不久,又被人诬陷“置毒杀人”,被囚入狱。而辛弃疾先是宦游各地,接着退隐上饶,两人此后竟无缘晤面。

直到公元1188年,两人分别了长达十年之后,陈亮终于从东阳到信州来,专程前来拜会居家赋闲的辛弃疾。

关于陈亮到信州拜会辛弃疾的情形,赵溍的《养疴漫笔》有一则纪事:“陈同甫名亮,号龙川。始闻辛稼轩名,访之,将至门,遇小桥,三跃马而马三却。同甫怒,拔剑挥马首,推马扑地,徒步而进。稼轩适倚楼望见之,大惊异,遣人询之,则陈已及门,遂定交。”

这一则纪事,颇有些传奇的意味。这时,辛弃疾在铅山县的瓢泉已筑一别墅,很可能二人事先有约,陈亮径自到这里来的;也可能陈亮先至上饶带湖,未遇,然后追寻到这儿来。当时,陈亮跃马过瓢泉前的期思渡,那匹马三跃而三却,不肯过桥,陈亮于是挥剑斩马首,这件事《铅山县志》亦有同样的记载,此桥并因此取名为斩马桥,至清代遗址尚存。因此,这传说可能是实有其事。

辛、陈的这次会晤,二人均有作品可资参证。辛弃疾其时连续写了两首《贺新郎》,纪念其事。其中,第一首附有小序,说道:“陈同父自东阳来过余,留十日,与之同游鹅湖,且会朱晦庵于紫溪，不至，飘然东归。既别之明日，余意中殊恋恋，复欲追路，至鹭鹚林，则雪深泥滑，不得前矣。独饮方村，怅然久之，颇恨挽留之不遂也。夜半投宿吴氏泉湖四望楼，闻邻笛悲甚，为赋《乳燕飞》以见意。又五日，同父书来索词，心所同然者如此，可发千里一笑。”这段词序，把二人相逢的情形，以及相别之后辛弃疾的心情，描述得极详细，可知辛弃疾和陈亮二人，都是十分重视这次相别十年之后的会见的。

这次“鹅湖之会”，陈亮本来也邀请当时著名的学者朱熹一道来的，但是朱熹爽约，这对于辛弃疾和陈亮来说，都是感到遗憾的。

朱熹为什么有约而不来呢？他的《戊申与陈同甫书》说：“奉告老兄，且莫相撺掇，留闲汉在山里咬菜根，与人无相干涉，了却几卷残书，与村秀才子寻行数墨，亦是一事。”朱熹说的“留闲汉在山里咬菜根，与人无相干涉”，是一般推托之辞。这次会晤，很可能是陈亮发起的，本来是想要做一番事情的。这一点，可以从陈亮在当年（公元 1188 年）的行迹，得到证明：

公元 1188 年，孝宗淳熙十五年二月，陈亮到金陵、京口，观察山川形势，谋划抗金复国的行动，他过京口，登多景楼，写了一首《念奴娇》，其中有句说道：“正好长驱，不须反顾，寻取中流誓。”

同年五月，陈亮回到故乡永康，不久又往临安，向南宋政府递呈《戊申再上孝宗皇帝书》，其时，太上皇宋高宗在半年前驾崩，陈亮认为是谋恢复的极好时机，所以上书欲激发孝宗皇帝采取抗金行动。但此时孝宗又将内禅，陈亮的奏本并未被采纳。

由此可见，陈亮约请朱熹、辛弃疾相聚，当有政治目的，大抵不是一般的社交活动。朱熹的政治见解与陈亮、辛弃疾是不大相合的，他很可能觉察到这次聚会的目的，所以便托词不来了。

这次，辛弃疾和陈亮相聚，历时十日，据后来辛弃疾在陈亮去世时写的《祭陈同父文》，回忆这段往事时说："而今而后，欲与同父憩鹅湖之清阴，酌瓢泉而共饮，长歌相答，极论世事，可复得耶！"这就透露了他们二人相聚，"世事"是他们议论的主题。可惜，现在没有其他历史文献可资旁证了，只能就辛弃疾和陈亮在这次会晤过程中留下的作品进行探索。

辛弃疾在《贺新郎·陈同父自东阳来过余……》里写道：

把酒长亭说。看渊明、风流酷似，卧龙诸葛。何处飞来林间鹊，蹙踏松梢残雪。要破帽、多添华发。剩水残山无态度，被疏梅、料理成风月。两三雁，也萧瑟。

佳人重约还轻别。怅清江、天寒不渡，水深冰合。路断车轮生四角，此地行人销骨。问谁使、君来愁绝？铸就而今相思错，料当初、费尽人间铁。长夜笛，莫吹裂。

这不是一首普通的写“离愁别恨”的词作，而是一首浸满作者对现实无比悲愤的作品。

此词写于公元1188年的岁暮，辛弃疾罢官归田，正好七个年头了。这七年间，辛弃疾始而“醉舞狂歌欲倒”（《水调歌头·汤朝美司谏见和，用韵为谢》），闲居的生活使他苦闷极了，那不甘寂寞的性格简直要爆炸。但是，生活的磨炼，教育了他必须正视现实，他想开了，“百炼都成绕指”（《水调歌头·再用韵答李子永提干》），“衡门之下可栖迟”（《踏莎行·赋稼轩，集经句》）。他慢慢习惯了那种寂寞的生活了。自然，辛弃疾仍未能忘怀抗金北伐大业，“算平戎万里，功名本是，真儒事，公知否”（《水龙吟·甲辰岁寿韩南涧尚书》），“平生塞北江南，归来华发苍颜。布被秋宵梦觉，眼前万里江山”（《清平乐·独宿博山王氏庵》）。然而，辛弃疾空有满腔热血，报国无门，又有什么办法呢？于是，自然的绮丽，江山的可爱，乡情民俗的淳朴，逐渐吸引了他，使他精神上得到某种解脱和安慰。但是，与此同时，辛弃疾也滋生了一定程度的消极、悲观情绪，“钟鼎山林都是梦，人间宠辱休惊”（《临江仙·再用韵送祐之弟归浮梁》）。

满怀抗金复国激情的陈亮，远道从东阳来访，此时辛弃疾正在瓢泉别墅养病。辛弃疾见到陈亮，自是无比兴奋，他们相聚了十天，但两人的话儿总说不完。“把酒长亭说。”到十里长亭相送时，两人举着饯别的酒杯，仍然滔滔不绝，谈着各自的思想和抱负。陈亮几经挫折，然而雄心依旧，壮志如昔，这是辛弃疾所想象不到的。“看渊明、风流酷似，卧龙诸葛。”在辛弃疾的眼里，陈亮的身世同当年的陶潜有几分类似，但是，如今陈亮的作派，却竟与以世事为己任的诸葛亮一模一样。辛弃疾罢官归田后，常以陶渊明自况，如“岁月何必溪上记，千古黄花，自有渊明比”（《蝶恋花》），“爱酒陶元亮，无酒正徘徊”（《水调歌头·再用韵，呈南涧》），“我愧渊明久矣，犹借此翁湔洗，素壁写归来”（《水调歌头·再用韵答李子永提干》），等等。同样，他也以陶渊明去比喻陈亮。可是，这次陈亮的所作所为，使辛弃疾的看法改变了，认为把陈亮比喻为入世的诸葛亮更恰当些。这是辛弃疾对积极入世，以国事为己任的陈亮的赞美，同时，也隐约包含着一种自愧不如之意。这种含而不露的比喻，不是逢场作戏，它透露了这些年来辛弃疾自己的思想行动，多少染上了一些出世的东西，也就是所谓陶渊明式的东西。陈亮的来访，像吹来一股旋风，把辛弃疾那表面平静的生活搅动起来了，使一度自甘寂寞的辛弃疾，一度自满自足寄情于田园山水的辛弃疾，重新对“世事”，对“自己的行为”做出估价。辛弃疾的确不平静了，“何处飞来林间鹊，蹙踏松梢残雪，要破帽、多添华发”。

他这不过是用了一个形象性的暗喻罢了，陈亮来访期间，辛弃疾是认真地思索了一些问题的。古人好用白发象征忧愁，辛弃疾说飘落到破帽里的残雪似乎使他的白发增添了，这毋宁说是生活给他出了难题。这些难题到底又是指些什么，在作品中也约略有所透露。“剩水残山无态度，被疏梅料理成风月。”这是赞美像陈亮这样的志士仁人的，说只有他们的存在，才使南宋破碎的山河有了生气。“两三雁，也萧瑟。”这是感慨忧国忧民的志士仁人实在太少了，像两三只孤雁，气象未免太萧索了。这也许是辛弃疾和陈亮在鹅湖相会的过程中，两人的观点有不大一致的地方。陈亮是激进派，主张立即采取行动，包括他多次向孝宗皇帝上书陈述政见这样的行动在内；而辛弃疾对形势的认识可能悲观了一些，他认为主战派的力量太单薄，暂时不能有所作为。

辛弃疾与陈亮的感情是极其深厚的，此时的陈亮有点儿曲高和寡，辛弃疾并没有提出批评。相反，在这首《贺新郎》的下半阕，却整个儿都在畅叙友情，“铸就而今相思错，料当初、费尽人间铁”，说他们两人的友情，如同一把极有分量的金错刀，“费尽人间铁”才打制成功的，有珍惜友情的内在含意。从辛弃疾如此强调友情的可贵看来，他们的聚会是有过争论的。

陈亮接到辛弃疾的词作，很快便和了一首《贺新郎 · 寄辛幼安和见怀韵》。陈亮在和词里直截了当地指摘世事。他没有辛弃疾那样曲折的隐衷。他写道："看几番，神奇臭腐，夏裘冬葛。"陈亮认为，如今的世事，一切都被颠倒了，神奇的成了臭腐，臭腐的成了神奇，如同冬天穿麻布，夏日穿毛皮一样乱了套。陈亮叹息北方沦陷区年老一代的中原父老越来越少，年轻一代不了解历史，抗敌的观念会渐渐淡薄了，"父老长安今余几，后死无仇可雪"。陈亮的用意是很显然的，他认为抗金复国事业不能拖下去，应当在"我们"这一代人收复沦陷的山河。"行矣置之无足问，谁换妍皮痴骨。但莫使伯牙弦绝。"陈亮表白说，他那"痴人"般的意志是谁也改变不了的，但愿我们还是长久地保持友谊。

不能否认，像一团火似的陈亮，也把辛弃疾压抑、蕴藏在内心深处的火种，重新点燃起来。辛弃疾接到陈亮的和韵，当即又写了一首《贺新郎·同父见和，再用韵答之》：

老大那堪说。似而今、元龙臭味，孟公瓜葛。我病君来高歌饮，惊散楼头飞雪。笑富贵、千钧如发。硬语盘空谁来听？记当时、只有西窗月。重进酒，换鸣瑟。

事无两样人心别。问渠侬：神州毕竟，几番离合？汗血盐车无人顾，千里空收骏骨。正目断、关河路绝。我最怜君中宵舞，道男儿、到死心如铁。看试手，补天裂。

辛弃疾写的这首《贺新郎》，比他的第一首《贺新郎》，情调昂扬了一些。这是陈亮的火把所点燃起来的。

陈亮说:“只使君、从来与我,话头多合。”(《贺新郎·寄辛幼安和见怀韵》)辛弃疾则回答说:“似而今、元龙臭味,孟公瓜葛。”两人一再强调他们之间的共同点,强调他们的友谊和团结。他们两人在那些重大问题上,并无分歧,对抗金北伐的目标是完全一致的。但是,在采取行动的时机上,两人是稍有分歧的。“硬语盘空谁来听?记当时、只有西窗月。”辛弃疾在这里又一次表现了知音盖寡的苦恼。“汗血盐车无人顾,千里空收骏骨。”又重申了同样的意思。

陈亮的《贺新郎》,是愤怒的呼喊,是急于要求投入战斗的宣言。而辛弃疾的《贺新郎》,则是对现实政治的不满、感叹,怨恨多于愤怒。

这是两位同时代的爱国者,思想气质的差异吧。毋庸隐讳,辛弃疾的退隐生活,客观环境多多少少地挫伤了他的热忱,滋长了某种颓唐的情绪。

十八、欲说还休

辛弃疾是在公元 1181 年，宋孝宗淳熙八年的冬天，被台臣王蔺劾弹而罢官的。但是，事隔七个年头，即到了公元 1188 年，孝宗淳熙十五年，朝廷发下来的《邸报》，忽然莫名其妙地说辛弃疾“以病挂冠”。七年前既已被罢官归田的辛弃疾，七年后的《邸报》忽然说他因病引退，这样离奇的事情，真使辛弃疾啼笑皆非。南宋朝廷混乱到这种程度，辛弃疾又能说些什么？《沁园春·戊申岁，奏邸忽腾报谓余以病挂冠，因赋此》这首词作，是反映了当时他的心情的。他写道：

老子平生，笑尽人间，儿女怨恩。况白头能几，定应独往；青云得意，见说长存。抖擞衣冠，怜渠无恙，合挂当年神武门。都如梦；算能争几许，鸡晓钟昏。

此心无有亲冤，况抱瓮、年来自灌园。但凄凉顾影，频悲往事，殷勤对佛，欲问前因。却怕青山，也妨贤路，休斗尊前见在身。山中友，试高吟《楚些》，重与招魂。

梁启超在他编的《辛稼轩先生年谱》里，对这首词解释得很好："先生落职，本缘被劾，而邸报误为引疾，词中'笑尽儿女怨恩'，'此心无有亲冤'，谓胸中绝无芥蒂，被劾与引退原可视同一律也。'白头能几，定应独往'，'怜渠无恙，合挂当年神武门'，言早当勇退，不必待劾也。'都如梦；算能争几许，鸡晓钟昏。'言奏邸竟为我延长若干年做官生涯，然所差能几，不足较也。'况抱瓮、年来自灌园'，'但凄凉顾影，频悲往事'，此明是罢斥后情状，若犹在官，安得有此语。'却怕青山，也妨贤路，'极言忧谗畏讥，恐虽山居犹不免物议也。'山中友……重与招魂'，言本已罢官，奏邸又为我再罢一次，山友不妨再赋招隐也。"

辛弃疾在这首《沁园春》里表现出来的感情，是极为复杂而曲折的。恢复故国的大志不能伸张，已经使辛弃疾愤懑填膺了。朝廷中执掌权力的官僚们是那么腐败，对于一个封疆大吏的辛弃疾，就连是被劾罢官还是引退归田，都给弄颠倒了，竟还把它当成实事登在《邸报》上。这不是笑话吗？

宋朝的《邸报》，是"进奏院"逐日发表朝廷政令和官员差除升黜消息的一份"政府通报"，发到全国各州郡监司参阅。它的"定本"，一般须经朝廷的执宰审阅，方能报行四方。由于官场上的派系斗争，有些在朝的当权人物，还自编自印一些小报，与《邸报》间杂流布，使真伪难分，成为攻击他人，排除异己的一种手段。辛弃疾说的“却怕青山，也妨贤路”，担心自己不明不白遭到当权者的诽谤物议，不是没有原因的。公元1181年，台臣王蔺弹劾辛弃疾，就是利用了辛弃疾的政敌攻击辛弃疾的材料，向皇帝奏本的。如说辛弃疾“帅湖南日，虐害田里”“用钱如泥沙，杀人如草芥”，修盖飞虎营栅是什么“凭陵上司”，甚至辛弃疾与朋友互有书信和财物往来，也被说成是“缔结同类”“方广赂遗”（见《辑本宋会要稿》第一〇一册，《职官门黜降官类》卷八及崔敦诗《西垣类稿卷二，辛弃疾落职罢新任制》）。被罢官归田后的辛弃疾，他的艰难处境是可想而知的了。我们今天读辛弃疾的作品，既能看到作者击节高歌的慷慨激昂的一面，也常看到作者委婉愤懑，有倾泻不尽的忧愁的另一面。这就是作者处在复杂的社会政治环境下，产生的矛盾复杂的心声。

辛弃疾在另一首词作《丑奴儿·书博山道中壁》中写道：

少年不识愁滋味，爱上层楼。爱上层楼，为赋新词强说愁。

而今识尽愁滋味，欲说还休。欲说还休，却道“天凉好个秋！”

有愁而不能尽情说，这是很痛苦的。这到底是什么缘故？以“一世之豪”的辛弃疾，竟至于藏头露尾，就像一个受气的小媳妇那样吗？有一件实事，似可资旁证。那就是跟随辛弃疾就学多年的范开，学成后将辞行，“行有日，请予作诗以赠。属予避谤，持此戒甚力……（见《醉翁操》序）范开临别时请老师给他题赠诗，学生却一再嘱咐老师要“避谤”，说明当时的文网是很厉害的。

生活在这样一个进不得伸其志，退不得畅其言的社会环境里，辛弃疾又怎能不愤懑?!

辛弃疾毕竟比他的学生范开敢作敢为一些，他对不合理的社会现象就敢于呼喊：“倩何人与问：‘雷鸣瓦釜，甚黄钟哑?’”（《水龙吟》）他要请人来问一问，为什么这个世道，瓦釜能够震天价山响，而黄钟却瘖哑无声？“酒兵昨夜压愁城。太狂生，转关情。写尽胸中、磈磊未全平。”（《江神子·和人韵》）他举起酒杯来豪饮一通，也未能把那忧愁压下去，只好拿起笔来，把那胸中的不平事全都倾泻出来。

纵横驰骋的辛弃疾，仿佛无所顾忌，这只是他一个方面的表现而已。人的思想毕竟是复杂的，在更多的情况下，辛弃疾还是有他的“欲说还休”的另一面。我们在辛弃疾的作品里，常常能够看到这种精神的压抑。“今岁花期消息定，只愁风雨无凭准。”（《蝶恋花·戊申，元日立春，席间作》）他感叹命运不能由人去掌握，于是，他只好有时进入思辨的冥想，“刚者不坚牢，柔者难摧折。不信张开口角看，舌在牙先堕”

(《卜算子·齿落》),说的是刚强者容易被摧折,柔软者才易于保全。辛弃疾想彻底地抛弃红尘,做一个“柔者”,与世无争吗？显然,他又不是这样的一种人格。

《破阵子·为陈同甫赋壮词以寄之》,却又是一番奔腾澎湃的景象:

醉里挑灯看剑,梦回吹角连营。八百里分麾下炙,五十弦翻塞外声。沙场秋点兵。

马作的卢飞快,弓如霹雳弦惊。了却君王天下事,赢得生前身后名。可怜白发生!

有的研究者认为,这是辛弃疾追忆过去的战斗生活,用以激励陈亮,渴望同他一道再度驰骋疆场,完成统一祖国的事业。与其如是观,倒不如把这首词看作是辛弃疾有感于陈亮的激励和鼓舞,借醉中和梦里再现的往昔战斗生活,表示自己是有雄心壮志的。但是理想和现实,却存在着深刻的矛盾。

这首《破阵子》描写的场面是十分雄壮而广阔的,也是十分动人心弦的。但是,我们只要仔细分析,那挑灯看剑,那连营号角,那兵营中分熟牛肉犒军,那军中的联欢奏乐,那校场上检阅部队,以及上阵杀敌时马如何跑得快,弓箭发射时如何震人耳朵……都是“醉里”“梦回”中的回忆罢了。辛弃疾曾经是这样走过来的。他那个时候不避生死,奋战疆场,为的是什么呢？他在作品中申明，有两个目的。其一是“了却君王天下事”——以功业自诩；其二是“赢得生前身后名”——以气节自负。然而，当他回顾往事时，这两个目的都落空了，像海市蜃楼那样的幻景在转瞬间都消失了，到头来赢得的是满头白发，当年的英雄好汉如今衰老了，“可怜白发生！”结尾的一句，把那“醉”“梦”里的一切，全都戳穿，而且翻了个底朝天！

这首《破阵子》的思想意义，不在于表现辛弃疾的雄心壮志，它的全部价值还是在于对南宋朝廷的控诉。它控诉南宋朝廷执行投降路线，断送了一代英豪的理想和抱负，实际上是断送了祖国的半壁河山。题序里说的“为陈同甫赋壮词以寄之”，所谓“壮词”者只是对往日悲壮生涯的回忆，它只有“过去”的意义，而这首词的现实含意，不如说它是一首“愤词”更切当一些。

《草堂诗余·节序门》辑录辛弃疾的一首词作《金菊对芙蓉·重阳》，也是回顾往日豪情的。他写道：

远水生光，遥山耸翠，霁烟深锁梧桐。正零瀼玉露，淡荡金风。东篱菊有黄花吐，对映水、几簇芙蓉。重阳佳致，可堪此景，酒酽花浓。

追念景物无穷。叹少年胸襟，忒煞英雄。把黄英红萼，甚物堪同。除非腰佩黄金印，座中拥、红粉娇容。此时方称情怀，尽拼一饮千钟。

《破阵子》回忆的是战斗生涯，这首《金菊对芙蓉·重阳》回忆的却是少年行乐。题材不同，但是主题却相似，都是写了现实与理想的矛盾。《破阵子》因有“可怜白发生”点题，比较明显、直率。而《金菊对芙蓉·重阳》却比较委婉、含蓄一些。

九月九日，重阳佳节，是一年风物最宜人的时候。辛弃疾在《金菊对芙蓉》里，一开始便把重阳时节那美好的风光景色，写得细腻动人。“远水生光，遥山耸翠”。这是从高处向远方眺望所见的景色：明净的秋水在阳光映照下，波光粼粼闪动；秋天山上的草木，是那么青翠可爱。苏轼也曾写过“霜降水痕收，浅碧粼粼露远洲”（《南乡子》），赞美秋水的明净，与辛弃疾塑造的意境相同。“雾烟深锁梧桐，正零瀼玉露，淡荡金风。东篱菊有黄花吐，对映水、几簇芙蓉。”接着，作者把视线收近了一些，写大路两旁的梧桐树，晨雾还没有消散，梧桐叶上沾润着点点露珠，而篱边的黄菊已经开花了，池塘中的荷花还未凋残。“重阳佳致，可堪此景，酒酽花浓。”面对这赏心悦目的重阳美景，作者想到此时应当有一杯好酒，才不致辜负这眼前花一样美好的景色。但是，写到这里，作者的想象同追忆结合起来了，“追念景物无穷。”由眼下的重阳，回想起往日的重阳。“叹少年胸襟，忒煞英雄。把黄英红萼，甚物堪同。除非腰佩黄金印，座中拥、红粉娇容。”他说，少年时的脾气，往往好逞英雄。记得那时候，重阳节日赏菊，就认为大丈夫应该腰佩黄金印，并且还要有美人在跟前敬酒。“此时方称情怀，尽拼一饮千钟。”只有这样，才能称心如意，高兴地放怀痛饮，一杯接一杯。然而，作者写的全都不是实有的，他只是在想象，并且用了“叹少年胸襟”的一个“叹”字，给整个儿想象蒙上一层悲凉的色泽。冷酷的现实把美好的理想粉碎了，这是辛弃疾所要告知读者的。《金菊对芙蓉·重阳》与《破阵子·为陈同甫赋壮词以寄之》，内容不同，却有异曲同工之妙。

十九、出　　山

公元 1191 年，宋光宗绍熙二年的岁暮，在信州上饶蛰居了十年之久的辛弃疾，忽然接到了朝廷的诏命，委任他担任福建的提点刑狱。这时，宋孝宗已经退位三年了，光宗同他的太上皇老子的关系并不好，朝上的大臣们也分成两派，各自交结朋党，互相倾轧，政治局面很不稳定。在这个时候，要辛弃疾出山，到底是什么原因呢？足资佐证的文献资料不多。不过，在这一年的九月，福州守赵汝愚被起用为吏部尚书，赵汝愚是十分赏识辛弃疾的，因此，辛弃疾的重新出仕，很可能是由于赵汝愚的举荐。

久居江湖，屡遭贬谪的辛弃疾，对朝廷的这次重新任命，心情并不是那么愉快的，他动作比较迟缓，待到转年的春天，才告别家人到福建赴任。临行前，他写了一首《浣溪沙·壬子春，赴闽宪，别瓢泉》，把当时的心境做了约略的描述：

细听春山杜宇啼,一声声是送行诗。朝来白鸟背人飞。

对郑子真岩石卧,赴陶元亮菊花期。而今堪诵《北山移》。

他的重新出仕,并没有一般失意文人在偶然得意时的那种“春风得意马蹄疾”的快感,相反,他竟然把“道声声不如归”的杜鹃啼叫,比喻为唱给他听的“送行诗”。这就是喜悦不足而凄苦有余的比拟了。而且,在他临行之际,那平日与他结盟就伴的白鸥们,竟又背着他飞走了,那是一种怎样的气氛啊!他感到,这次出山,与其说是为国家建功立业,不如说是对这些年来久已习惯了的“隐逸生涯”的背叛。因此,他发出了“对郑子真岩石卧,赴陶元亮菊花期”的感叹。对于前代卓著名声的“隐者”郑子真和陶渊明,辛弃疾仿佛感到再无颜面去“见”他们了。南北朝时期有个爱山水而不乐世务的孔稚珪曾写过一篇《北山移文》,嘲讽那些贪图官禄的假隐士们。如今,辛弃疾忽然觉得这篇著名的文章也好像是在嘲笑他自己似的了。

然而,这都不过是辛弃疾的谦托之词罢了,这首《浣溪沙》的实际用意,是对朝廷弃置他长达十年之久的一种愤怒抗议。

尽管辛弃疾对世事有所不平,对个人长期沦落亦有所不平,不免牢骚满腹,但是,他对于公务,对于他职责以内的事情，还是竭力去做的，甚至雷厉风行地去做。据史传文献记载，他到福建后，第一件事就上疏论述漳、泉、汀三州经界、钞盐的利害，提出“天下之事，因民所欲行之，则易为功”的主张，按照实际情况，调整了民间课税的合理负担。他折狱定刑，务从宽厚。当时，汀州发生疑狱，长期不能解决，他立刻委派正直能干的上杭令鲍粹然去查办，审出了真情，避免了一起冤狱。他“厉威严，以法治下”，同当时的福建安抚使林枅意见不合，也不轻易迁就。两个人的关系闹得很僵，他也在所不惜。所以，朝廷下达的制词也说他“比居外台，谳议从厚，闽人户知之”（见楼钥《攻媿集·太府卿辛弃疾集英殿修撰知福州制》）。

因为辛弃疾这次重新出仕，得力于宗室赵汝愚的帮助，而赵汝愚又是福州的前任守令，辛弃疾在公余之暇，游玩于福州的山水名胜时，不免有怀赵汝愚的功业政绩。在《贺新郎·三山雨中游西湖，有怀赵丞相经始》里写道：“翠浪吞平野。挽天河、谁来照影，卧龙山下。烟雨偏宜晴更好，约略西施未嫁。待细把、江山图画。”赵汝愚治闽时，曾有疏浚福州西湖之举，辛弃疾在词中赞赏福州西湖风景的优美，把福州西湖比作杭州的西湖，其中，饱含着辛弃疾对赵汝愚的友好感情。辛弃疾是十分看重朋友情谊的。由于辛弃疾与赵汝愚有过相知的关系，于公元 1196 年春，赵汝愚在朋党倾轧中死于衡州，辛弃疾也同时被弹劾，受到牵连，这是后话了。

担任一个路的宪司，对于辛弃疾来说是冯妇再为了。这种差使，其实并不能充分施展他的才干，更不能实现他的报国初衷。因此，辛弃疾随处都流露出一种受压抑的感情。他在这此期间写的作品，像一面镜子似的，反映了他的抑郁情怀。有一首《添字浣溪沙·三山戏作》写道：

记得瓢泉快活时，长年耽酒更吟诗。蓦地捉将来断送，老头皮。

绕屋人扶行不得，闲窗学得鹧鸪啼。却有杜鹃能劝道：不如归！

一个不能实现报国志愿的差使，他觉得还不如在家闲待着好。在家里饮酒赋诗，乐得自由自在。在衙门每日支应并不如意的差使，倒叫人活受罪。于是，他对杜鹃啼叫"不如归去"便产生了强烈的共鸣。所谓"戏作"，常常是作家们露真情之作。

在辛弃疾做生日的时候，家乡的信州守王道夫寄来一首祝寿词，辛弃疾在和韵中表示："海山问我几时归。枣瓜如可啖，直欲觅安期。"(《临江仙·和信守王道夫韵，谢其为寿。时仆作闽宪》)也流露出思归之意。

光宗之世，是个政治上十分衰败的时期。朝野上下都无所作为，那种政治的低气压，给人一种窒息之感。对政治反映并不迟钝的辛弃疾，他自然是深深感受到了。所以，他在与友人的辞章往还中，毫不掩饰他心灵深处有出世之想。辛弃疾真的要到什么海上仙山寻找那个神话传说中的安期生吗？这不过是一种借题发挥的戏语，表示他对现实的不满罢了。

公元1193年，宋光宗绍熙三年的腊月，辛弃疾忽又接到朝廷的诏书，要他立即到京城临安去。而且，诏书又有点儿“急于星火”，限期报到。这一年的春节，辛弃疾是在赴京的旅途中度过的。这紧急下达的诏书，似乎意味着对辛弃疾加以重用了。这种情况，要是在辛弃疾的早年，他必定“喜如何之”，要思量大干一番了。但是，此时的辛疾弃，却像散尽了热气的灰烬，态度表现得非常之平淡。退职居闲的原四川平江守令陈端仁，热情设宴为辛弃疾饯行，辛弃疾即席写了一首《水调歌头·壬子三山被召，陈端仁给事饮饯席上作》，是颇能反映此时辛弃疾的思想情绪的。他写道：

长恨复长恨，裁作短歌行。何人为我楚舞，听我楚狂声？余既滋兰九畹，又树蕙之百晦，秋菊更餐英。门外沧浪水，可以濯吾缨。

一杯酒，问何似，身后名。人间万事，毫发常重泰山轻。悲莫悲生离别，乐莫乐新相识，儿女古今情。富贵非吾事，归与白鸥盟。

开宗明义第一句就是“长恨复长恨”，辛弃疾的感慨何其深乃尔？是十年的凄凉闲置吧，一个“壮声英概”于当年的志士，竟然一罢官就是十年！人生能有几个十年？这十年，辛弃疾由壮年而进入老年了。英雄气壮，白发无情，是谁把英雄的似火青春埋葬了？志士报国无门，那宝贵的岁月同那白鸥结伴而流逝了，辛弃疾又怎能不感到痛心疾首呢！把那悠悠长恨，裁作短歌，一吐为快。我们好像看到了爱国词人辛弃疾在顿足捶胸发出愤怒的呼喊。

词人辛弃疾这次奉诏进京，当然就意味着朝廷有重用之意，但是辛弃疾在这首词的结句却说：“富贵非吾事，归与白鸥盟。”这就无异明明白白地告诉人们：朝廷上面的事情，是不足信的，他打定主意，不去追求个人的功名富贵，如果事情违背自己的志愿，那就宁可继续归隐，与那纯洁无邪的自然物——白鸥为伴。造成这种不幸的结局，究竟是什么原因？以豪放直抒胸臆为其长处的词人辛疾弃，不大习惯于像有些诗人那样在作品里隐藏自己的观点，他说，这就因为“人间万事，毫发常重泰山轻”的缘故。人世间一切都被弄颠倒了，白的变成黑的，黑的变成白的，上变成下，下变成上；毫发成了重的，泰山反而成了轻的。词人辛弃疾把他的心灵深处最痛苦的隐衷，淋漓痛快地讲出来了。

辛弃疾就是这样背负着沉重的思想痛苦，来到南宋京城临安的。在进京的途中，辛弃疾在建阳会晤了理学家朱熹，在浙东又访问了在家闲居的陈亮。那个提倡修身养性的朱熹，大概不大赞赏辛弃疾的见棱见角的思想锋芒吧，他书写了"克己复礼，夙兴夜寐"的条幅，赠予辛弃疾。朱熹是无法理解辛弃疾那忧国忧民的壮士胸怀的。

公元1193年，过了农历的春节，辛弃疾到了临安。光宗皇帝在便殿接见了他。殿前的应对，无文献可资稽考。辛弃疾在作品里，也没有反映这件事。但是，当时辛弃疾向光宗呈上了一纸奏疏《论荆襄上流为东南重地》，这份文献收录在现存的《永乐大典》的残卷里。辛弃疾向皇帝建议加强长江上游荆襄两地的防务，希望皇帝能"居安虑危，任贤使能，修车马，备器械，使国家有屹然金汤万里之固"。经过十年的顿挫，爱国词人辛弃疾仍以国事为重，这确是难能可贵的精神。但是，光宗对于辛弃疾的重要建议，并没有给予足够的重视。结果，只授予辛弃疾一个"大理少卿"的职衔，使英雄仍无用武之地。

半年后，南宋政府又把辛弃疾调知福州，兼福建安抚使，调离京城，到地方任职去了。

二十、宦途多艰

公元 1193 年，光宗绍熙四年的秋天，54 岁的辛弃疾，以朝散大夫、集英殿修撰的职衔，重返福州任守宰，兼福建路的安抚使。

以统一祖国为己任的辛弃疾，对于朝廷只委派给他担任一个地方行政长官，并不是很满意的。“还自笑，人今老；空有恨，萦怀抱。记江湖十载，厌持旌纛。”他在一首《满江红·和卢国华》词里，就作了这样的叹息。行年五十四岁，岁月流逝，人的确是老了，唯有绵绵遗恨，耿于怀抱的，不就是他日夜想望的统一祖国的壮志吗！“抛却山中诗酒窠，却来官府听笙歌。”（《鹧鸪天·三山道中》）理想不能实现，还不如干脆休闲在家为好呢。辛弃疾的这种思想情绪，竟至于发展为准备向朝廷写报告，要求告老归田。词作《最高楼·吾拟乞归，犬子以田产未置止我，赋此骂之》，值得注意。他写道：

吾衰矣，须富贵何时。富贵是危机。暂忘设醴抽身去，未曾得米弃官归。穆先生，陶县令，是吾师。

待葺个、园儿名“佚老”，更作个、亭儿名“亦好”，闲饮酒、醉吟诗。千年田换八百主，一人口插几张匙。便休休，更说甚，是和非。

“吾衰矣，”这是政治上不得意的代名词。“富贵是危机。”作者并不完全是计较个人的安危，因为作者也曾说过，“燕雀岂知鸿鹄，貂蝉元出兜鍪”（《破阵子·为范南伯寿》）。为了抗金事业，为了统一的理想，作者绝不是一个贪图安稳、贪生怕死的人。北宋的大文学家苏东坡也曾说过类似的话：“晚觉文章真小技，早知富贵有危机。”（《宿州次韵刘泾》）这种危机感，其实是朋党倾轧在一些人们头脑中的反映。辛疾弃为什么在这个时候，也产生了这种危机感呢？这与光宗时代，南宋政局不稳定是有关系的。1189 年 2 月宋孝宗退位，1194 年 6 月宋孝宗驾崩，光宗拒不服丧，引起了一场宫廷危机，同年 7 月太皇太后手谕皇子即位，宁宗皇帝取代了光宗皇帝。与此同时，皇亲赵汝愚与韩侂胄两派的角逐，到 1196 年 1 月赵汝愚被贬而死于衡州，南宋朝廷的这场斗争先后持续了七八年。辛弃疾虽在下僚，但不能不感觉到，甚至也身受到其波及。辛弃疾虽是地方上的一员帅臣，但他对这场宫廷冲突，却无能为力。他的危机感大抵由此而引发的吧？所以，辛弃疾便有“穆先生，陶县令，是吾师”的感叹了。他把汉代的穆生、晋世的陶潜当作自己的楷模，是一种借他人酒杯浇自己块垒的手法，“便休休，更说甚，是和非”。这是否包含着作者对朝廷上人事倾轧的一种蔑视呢？或者是对自己的行藏用处认为不必去计较其是非得失呢？

与此同时，辛弃疾又写了一首《行香子·三山作》，含意也与上首《最高楼》相近。他写道：

好雨当春，要趁归耕。况而今已是清明。小窗坐地，侧听檐声。恨夜来风，夜来月，夜来云。

花絮飘零，莺燕丁宁，怕妨侬湖上闲行。天心肯后，费甚心情，放霎时阴，霎时雨，霎时晴。

那“夜来风，夜来月，夜来云”，写得好含蓄啊，他显然是要读者猜谜了。这是作者写他一夜无眠的情景，他端坐在窗前，听着风声阵阵。风声过后，云儿消散，月儿出来，这也许由二更天到了三更天，由三更天、四更天到五更天了。他是为了渲染那个“恨”字，一连串点出勾起他心底恨事的风、月、云这些比兴的对象。他深深地陷入了无穷无尽的痛苦之中了。他为什么有那么深重的痛苦？他假托一场春雨过后，时节到了清明，应是归家去“种地”的时候了。陶渊明托意于“田园将芜”，引出了“胡不归”的想法。辛弃疾也是采用了同样的手法。是出仕，还是退隐，作者展开了激烈的思想斗争。

那“霎时阴，霎时雨，霎时晴”，并不只是自然气象，他分明有所寓意，不过讳莫如深，不便明说罢了。这如果不是指政治上的阴晴不定，又将指的什么？辛弃疾是南宋诗坛豪放派的主帅，如今这首《行香子》的词风，却比婉约派还更“婉约”了！

政治风云造成的“低气压”，使辛弃疾陷入空前的自我矛盾之中，陷入空前的思想抑郁状态之中！然而，辛弃疾并没有成为一个政治上的颓废者，他还保持着清醒的头脑，顽强地生活和工作着。对于他担任的公职，他依旧勤勤恳恳地努力去干。因此，在他治闽期间，依然政绩斐然，有一系列的建树。

其一，辛弃疾以“镇静”治闽（史传说他“务为镇静”），就是说在负担上不过多地打扰百姓。福建这个地方，第一是土地贫瘠，粮食不能自给；第二是地近滨海，常有海盗出没为患；第三，由于海盗为患，福建驻军较多，同时，赵宋南迁后，又有一大批赵宋宗室迁居福建，南宋初年，宗室人口不满二百，每年就须由福州供给三万贯费用。军队和宗室的耗费，造成福建财政负担沉重。面对这些问题，辛弃疾执行不更多打扰百姓的政策，并建立了一个“备安库”，广积粮草和资金，以备军需和宗室饷银的支付。辛弃疾采取这种“积谷备荒”的政策还是切实可行的，对百姓是有好处的。

其二,整理军备。辛弃疾打算打造一万副铠甲,招募壮士,严加训练,使它也能成为像湖南飞虎军那样雄壮的武装力量。可以御“海盗”,也可以抗金,辛弃疾在政治上是有远见的。

其三,建郡学,发展文教事业。这些政绩,都颇能说明,辛弃疾作为一个地方官,他是有才干、有作为的。尽管他思想上处在一个比较消沉的时期,他还是以职责为重,尽其力量去做好工作。

福建提点刑狱卢国华,是辛弃疾的朋友,两人常有诗词唱和。卢国华当时的思想情绪同辛弃疾有某些共鸣的地方,他叹息国家的分裂,埋怨朝廷吏治的污浊。但是,卢国华的思想比较颓丧,对前途有些丧失信心,于是每日沉溺于酒色声乐之中而不能振作。辛弃疾便写了一首词作委婉地批评了他。这首词就是《定风波·再用韵。时国华置酒,歌舞甚盛》。辛弃疾写道:

莫望中州叹《黍离》,元和圣德要君诗。老去不堪谁似我?归卧,青山活计费寻思。

谁筑诗坛高十丈?直上,看君斩将更搴旗。歌舞正浓还有语:记取,须髯不似少年时。

故国沦落,中州“黍离”,凡我志士仁人,谁不感触满怀?但是,辛弃疾在这里认为,光是消极感叹是没有用的,还要振奋起来，歌颂抗敌，歌颂为统一祖国的斗争，就像唐宪宗元和年间，裴度率军平定了历时三年多的淮西叛乱时，刘禹锡和柳宗元先后著文歌颂这些赫赫军功那样，才能够鼓舞人民。接着辛弃疾又在词中指出，诗坛里面弥漫着的靡靡之音是会使人丧失斗志的，应以斩将搴旗的精神创作那些斗志昂扬的诗篇。末了，辛弃疾婉转地批评了卢国华不要总是沉湎在听歌观舞之中，因为大家都是有年纪的人了，“须鬓不似少年时”了，言外之意是劝朋友要把握有限的岁月，为国家做点儿有用的事情。

辛弃疾尽管有时候牢骚满腹，思想情绪有时也消沉低落，但是，他的那颗时刻想着统一祖国的心，总是像一把火似的熊熊燃烧着。但是，在腐朽的南宋政权里，又有谁人能理解我们的爱国者辛弃疾那颗火热赤诚之心呢？

公元 1194 年，宋光宗绍熙五年的七月，朝廷上竟有一个叫黄艾的谏官，在皇帝面前参奏了辛弃疾一本，说辛弃疾“残酷贪饕，奸赃狼藉”。那个昏庸无能的光宗皇帝竟然又听信谏官的诬告，不容辛弃疾分辩，下诏书罢免了辛弃疾的福建安抚使和福州守宰的职务，只保留辛弃疾一个虚衔：主管建宁府武夷山冲佑观。

同年九月，又有一个御史中丞叫谢深甫的，继续弹劾辛弃疾所谓“交结时相，敢为贪酷，虽已黜责，未快公论”，把辛弃疾的名誉衔集英殿修撰降为秘阁修撰。辛弃疾的爵禄又一次被削，于是他不得不黯然离开福建的工作岗位，再次退隐归家。

我们从辛弃疾的一些词作可以看到，辛弃疾早就有归隐的想法，现在朝廷下诏真要他退职归家，是否正中辛弃疾的下怀呢？也不全然。

辛弃疾在退职归家的路上，路过福建的南剑州，这个州的治所有一座楼宇叫双溪楼，古代文人常常借登临山川楼阁的机会，登高寄怀，抒发个人感情的抑郁。三国时的王粲就写过一首《登楼赋》，寄托自己的幽愤。此时，辛弃疾登上双溪楼，游目骋怀，一连气写了两首词。他在《瑞鹤仙·南剑双溪楼》中写道：

片帆何太急？望一点须臾，去天咫尺。舟人好看客，似三峡风涛，嵯峨剑戟，溪南溪北。正遐想、幽人泉石。看渔樵、指点危楼，却羡舞筵歌席。

叹息。山林钟鼎，意倦情迁，本无欣戚。转头陈迹。飞鸟外，晚烟碧。问谁怜旧日，南楼老子，最爱月明吹笛？到而今、扑面黄尘，欲归未得。

待到真的要退隐山林了，辛弃疾竟又产生了一腔志士热血却向谁浇洒的念头。他的思想情绪多么复杂啊！

“片帆何太急？”他恨归帆走得太快，离开了那个虽然不尽如人意的职位——这个职位总还能为国为民做一点儿事情，个人的聪明才智也多少能得到施展的机会，而现在却不得不告退归田。这是作为一个志士所最痛苦的！辛弃疾的这种心情，在后来王实甫的《西厢记》里有过类似的描写："恨相见得迟，怨归去得疾。柳丝长玉骢难系。恨不倩疏林挂住斜晖。马儿迍迍地行，车儿快快地随，却告了相思回避，破题儿又早别离。听得道一声'去也'，松了金钏；遥望见十里长亭，减了玉肌。此恨谁知？"只不过辛弃疾写的是志士爱国的心情，王实甫写的是情人舍不得鸳侣的别离，但心情的细微部分是有类似之处的。

"山林钟鼎，意倦情迁，本无欣戚。"是辛弃疾幽愤心潮的第一个波澜。"到而今、扑面黄尘，欲归未得。"这个波澜又掀起了一重回头浪！

"举头西北浮云，倚天万里须长剑"辛弃疾在另一首《水龙吟·过南剑双溪楼》里，更是直截了当地再一次申述他的爱国情怀。那"西北浮云"，毫无疑问是暗指陷于金人手里的祖国北方，"倚天万里须长剑"是他收复失地的决心和期望。一个志士忧国忧民之心是多么感人！辛弃疾虽然又一次遭到政敌的陷害打击，但他的爱国主义的思想情怀却丝毫没有改变。

但是，那险恶的政治环境，却是辛弃疾所无法改变的，所以，他在《柳梢青·三山归途，代白鸥见嘲》里，又一再感叹："好把《移文》，从今日日，读取千回。"这是带泪的笑，也是爱国词人自觉对时局毫无能为的自我嘲笑！

二十一、白发归耕

公元 1194 年，宋光宗绍熙五年的秋天，辛弃疾回到上饶带湖家中。没多久，他又带着家人到铅山的期思渡经营新居瓢泉别墅。

带湖虽然风景美，原先的山庄规模也不算小，但辛弃疾似乎并不很喜欢它。这个念头，大约是在他第一次罢官归乡时逐渐明朗化的。原因可能比较微妙。洪迈在《稼轩记》里说过："国家行在武林，广信最密迩畿辅。东舟西车，蜂午错出，势处便近，士大夫乐寄焉。"这就可能是辛弃疾不愿久住上饶带湖的原因。辛弃疾吃够官场尔虞我诈的苦头了，既然上饶是"士大夫乐寄"的地方，人们的一举一措都在朝廷耳目的监视之下，而且那官场上的迎来送往，乐意的或不乐意的都须去应酬，辛弃疾是个正直耿介的人，他当然是不愿意被这些世俗事务所缠绕。因此，在他的带湖新居落成不久，他就到远离上饶的铅山经营他的瓢泉别墅去了。因此，陈同甫来访时，有“酌瓢泉而共饮”的记载，辛弃疾复职赴闽宪时，他与友人们话别于瓢泉而喜赋《浣溪沙》。这次罢官归来，带湖之胜不复在他的作品中出现了，他的这次罢官后的第一首词作是《沁园春·再到期思卜筑》，他写道：

一水西来，千丈晴虹，十里翠屏。喜草堂经岁，重来杜老；斜川好景，不负渊明。老鹤高飞，一枝投宿，长笑蜗牛戴屋行。平章了，待十分佳处，着个茅亭。

青山意气峥嵘，似为我、归来妩媚生。解频教花鸟，前歌后舞；更催云水，暮送朝迎。酒圣诗豪，可能无势，我乃而今驾驭卿。清溪上，被山灵却笑：白发归耕。

瓢泉，是他所钟爱的，他比之于杜甫的草堂，陶潜的斜川。青山妩媚，花鸟逢迎，给了他赏心悦目的乐趣。但所有这些，都掩饰不住他心中的愤懑。“清溪上，被山灵却笑：白发归耕。”罢官归来，山灵幽魅也都要嘲笑他了，其中的含意到底是什么呢？爵禄职位并不是辛弃疾所留恋的，人老了，鬓发都白了，一事无成，却是辛弃疾所萦怀难忘的。这就又一次透露了作者雄心壮志犹在的信息。

其实，辛弃疾的再次被罢官，他只不过是南宋朝廷内部权力斗争的牺牲品罢了。

南宋朝廷内部的这场权力斗争，在宋孝宗晚年就已经酝酿。公元 1189 年，孝宗淳熙十六年，孝宗赵昚把皇位让给他的儿子赵惇，孝宗自己退居重华宫为太上皇。光宗赵惇的老婆李后，是个悍妒无比的女人，她被立为皇后不久，就把贵妃黄氏杀了，然后又离间光宗与太上皇父子之间的关系。孝宗病危，光宗不到重华宫问候。孝宗驾崩，光宗竟假称有病，不肯成服居丧。这时，在朝的大臣赵汝愚和韩侂胄便合谋迫使光宗退位，让太皇太后下旨，立光宗之子赵扩为皇帝。朝廷内禅的结果，赵汝愚一派开始占据优势。赵汝愚当了右丞相，韩侂胄只得到一个汝州防御使的官衔。

不久，国事又发生逆转。因为韩侂胄是宁宗赵扩妻韩后的叔父，他既有"禅位定策"之功，又是一个外戚，终于由外藩卷土重来，重新控制了内廷的权力。朝廷政务，韩侂胄可以假借皇帝的名义，用"内批"做处置，不通过中书省办正式手续。公元 1194 年 10 月，韩侂胄用"内批"名义，首先罢免了赵汝愚引进朝廷做侍讲的朱熹。然后，又在 1195 年 2 月，指使言官李沐、谢深甫奏论赵汝愚"以同姓而居相位，将不利于社稷"为由，免去赵汝愚的相位，接着把赵汝愚贬逐到永州（今属湖南）安置。不久，赵汝愚在前往贬所途中，病死于衡阳。

辛弃疾本人同这次朝廷内部的权力斗争，本来没有实质性牵连。但是，辛弃疾同赵汝愚、朱熹二人，却有较深的个人交谊。韩侂胄及其同党对赵汝愚这些政敌加以倾轧和打击时，便不免牵连到辛弃疾。因此，公元1194年9月下旬，御史中丞谢深甫便对辛弃疾提出弹劾，说辛弃疾“交结时相（指赵汝愚），敢为贪酷，虽已黜责，未快公论”，诏令把辛弃疾的职名降一等，由“集英殿修撰”降充“秘阁修撰”。

1195年10月，新任御史中丞何澹，再次对辛弃疾提出弹劾，说辛弃疾“酷虐裒敛，掩帑藏为私家之物，席卷福州，为之一空”。于是，辛弃疾“秘阁修撰”的职名也被削夺。

1196年9月，又有言官对辛弃疾提出弹劾，理由是：“赃污恣横，唯嗜杀戮，累遭白简，恬不少悛。今俾奉祠，使他时得刺一州，持一节，帅一路，必肆故态，为国家军民之害。”于是，辛弃疾最后的一个空名“主管建宁府武夷山冲祐观”也被削夺了。至此，辛弃疾成了完全没有爵禄的一名白丁。

这是辛弃疾政治生涯的低潮时期。正如汉代的大史学家司马迁在《报任少卿书》里所说的：“今已亏形为扫除之隶，在阘茸之中，乃欲仰首信眉，论列是非，不亦轻朝廷，羞当世之士邪！嗟乎！嗟乎！如仆，尚何言哉！”遇到这种突如其来的打击，辛弃疾又能有什么作为呢，谁能仗义执言为之伸张呢？他只好彻底地退归乡里，寄情于山水，忘形于酒杯，以陶渊明的飘逸，以屈大夫的高洁聊以自勉了！

1195年，辛弃疾写了一首《兰陵王·赋一丘一壑》，他写道：

一丘壑，老子风流占却。茅檐上，松月桂云，脉脉石泉逗山脚。寻思前事错，恼杀，晨猿夜鹤。终须是，邓禹辈人，锦绣麻霞坐黄阁。

长歌自深酌。看天阔鸢飞，渊静鱼跃，西风黄菊香喷薄。怅日暮云合，佳人何处，纫兰结佩带杜若。入江海曾约。

遇合。事难托。莫击磬门前，荷蒉人过，仰天大笑冠簪落。待说与穷达，不须疑着。古来贤者，进亦乐，退亦乐。

这首《兰陵王·赋一丘一壑》，词意委婉，但仍是晓畅的，从其间还能清楚地看出作者于世事并未忘情。他说的“一丘壑，老子风流占却”这是实情。辛弃疾在政治上已经完全沦落了，他只能占丘壑，寄情于山水之间了。“长歌自深酌。”已有孤独之感；“怅日暮云合，佳人何处，纫兰结佩带杜若。”更是说那些志同道合的朋友们，一个个都不知到哪儿去了，这是作者感情难以平静的地方。“入江海曾约。”说的是当年壮志凌云，曾相约下江入海擒蛟龙，互相勉励，要干一番事业，可是如今全都落空了！“遇合。事难托。”只有叹息吧，个人的遇合，也许风云际会，也许失意江湖，都是难以预料的。作者在消沉中，颇有自我慰藉的意思。“莫击磬门前，荷蒉人过。”这是用《论语》的典故“子击磬于卫，有荷蒉而过孔氏之门者，曰：‘有心哉，击磬乎！’”作者明白地表示，他是不能像孔子那样硁硁乎心存利禄的，这也是一种自我超脱吧。“仰天大笑冠簪落。”此语出于《史记·淳于髡传》:“淳于髡仰天大笑,冠簪索绝。”表示要像淳于髡那样,对世事要看得等闲,有豁达大度的雅量。所以,作者在结句时说:“古来贤者,进亦乐,退亦乐。”现在作者处于“退”的环境,他认为是无所谓的,不必去萦怀。字面上虽说如是,但作者在言外,似还有要“进”的期待。他又怎能甘心于脱离事业,辜负了初衷呢。

《兰陵王·赋一丘一壑》,是辛弃疾再次被贬后的一纸宣言书,是他当时实际生活和思想的写照。而他作于同年的另一首《卜算子·饮酒败德》,却又近乎是一份抗议书了。他写道:

盗跖倘名丘,孔子还名跖,跖圣丘愚直到今,美恶无真实。

简策写虚名,蝼蚁侵枯骨。千古光阴一霎时,且进杯中物。

作者在这里说,名和实是两回事,名字倘若安颠倒了,贤愚也就随着颠倒,这就是孔子成了盗跖,盗跖成了孔子。作者借酒后的话,发泄他对现实的不满。作者言外之意是,他屡被言官们诽谤,就如同把盗跖之名加向孔子之身一样,于是乎孔子也就成为盗跖了。话似乎很平常,但他那感慨却是极深的。

投闲置散的生涯,对于一个雄心勃勃的志士来说,当然是痛苦的。摆脱痛苦的办法，只有寻求寄托。于是，辛弃疾要与山林为伴了："老合投闲，天教多事，检校长身十万松。"(《沁园春·灵山齐庵赋。时筑偃湖未成》)一个能将兵十万的英雄汉，如今只能检校十万松林，该是什么滋味！辛弃疾越是要在寄托中求得精神的解脱，到头来却越被忧愁之物缠绕得紧紧的，岂不是"剪不断，理还乱"吗？有时，他寄情于酒，但酒又岂能解忧？"杯汝来前，老子今朝，点检形骸。"(《沁园春·将止酒，戒酒杯使勿近》)"总把平生入醉乡，大都三万六千场。"(《添字浣溪沙·简傅岩叟》)"醉乡"使人麻醉，但只能麻醉一时，能够天天到"醉乡"里讨生活吗？这都是与其说作者在寻求寄托得到解脱，毋宁说这样的寄托是寻求不到的，要解脱也是不可能的。现实世界是如此黑暗，他到哪儿能找到光明？

词人辛弃疾的志气、理想、生活、情操，是高洁的，无论"穷"与"达"，都没有丝毫改变。"我亦卜居者，岁晚望三闾。昂昂千里，泛泛不作水中凫。"(《水调歌头·将迁新居不成，有感，戏作。时以病止酒，且遣去歌者，末章及之》)表示绝不因"生涯潦倒"而改变节操，他要效法三闾大夫屈原，不能像水中凫鸟那样与世沉浮。痛苦自是不可免，"兰佩芳菲无人问，叹灵均、欲向重华诉"(《贺新郎·和徐斯远下第谢诸公载酒相访韵》)。屈原在现实世界中还不是最后也不能得到解脱吗？所以要上天下地，向茫茫寰宇之外那个理想的“上帝”重华去诉说自己的遭遇！

在“风雨如磐”的现实处境里，辛弃疾有时也无可奈何而显得颓唐。他在《卜算子·饮酒不写书》里写道：

一饮动连宵，一醉长三日。废尽寒温不写书，富贵何由得！

请看冢中人，冢似当年笔。万札千书只恁休，且进杯中物。

他的思想，有时又那样地矛盾。一会儿说：“废尽寒温不写书，富贵何由得！”一会儿却说：“请看冢中人，冢似当年笔。万札千书只恁休，且进杯中物。”他似乎难以自拔，只好“饮酒”去解脱了。

但是，辛弃疾毕竟还是个豁达大度的硬汉，他不为政治上的重压而弯腰，也不因生活上的逆境而丧志。公元1196年，宁宗庆元二年，辛弃疾在政治上受到打击最重的那一年，他的带湖旧居忽然遭到了大火，“公所居……一夕而烬。”（袁桷《清容集·跋朱文公与辛稼轩手书》语）可谓福无重至，祸不单行。朋友们纷纷投书慰问，而辛弃疾却表现得异常地从容镇定。当他举家搬迁到铅山的瓢泉新居时，还写了一首《浣溪沙·瓢泉偶作》，以为纪念。他写道：

新葺茅檐次第成，青山恰对小窗横。去年曾共燕经营。

病怯杯盘甘止酒，老依香火苦翻经。夜来依旧管弦声。

瓢泉新居自然没有带湖旧居那么宏丽，“新葺茅檐次第成，”只不过是一些茅草做房檐的屋子，简陋可以想见。而辛弃疾却毫无怨尤，相反的对新修的“茅檐”还觉得别有风致，“青山恰对小窗横”呢，而且“夜来依旧管弦声”，日子照样过得热热闹闹。

辛弃疾的豁达乐观的态度，在一首《鹧鸪天·登一丘一壑偶成》里，表现得更为充分。他是这样表白自己的内心感情的：

莫殢春光花下游，便须准备落花愁。百年雨打风吹却，万事三平二满休。

将扰扰，付悠悠。此生于世百无忧。新愁次第相抛舍，要伴春归天尽头。

这次辛弃疾的再度罢官，他内心愁之深、恨之重，是毋庸讳言的。但是，辛弃疾却能把它弃置一旁，这便是“百年雨打风吹却，万事三平二满休”的态度。把那不幸的事情忘记了吧，不能做逆境的奴隶，这就是所谓“将扰扰，付悠悠”。陶渊明不为五斗米折腰，毅然挂冠回家种地，他的心情果然能如此平静，一切都心安理得吗？也不见得。但是，陶渊明对待生活的态度是豁达的，他觉得回到穷乡僻壤，远离那腌臜的官场，人格更高尚了。所以，他能够说出“采菊东篱下，悠然见南山”的话来。这岂不就是“将扰扰，付悠悠”的态度吗？所谓隐逸诗人其实并不从此不食人间烟火，只不过是以“隐逸”的方式，对不合理的现实社会做抗争罢了。辛弃疾何尝不是如此！瓢泉岁月，揭开了爱国词人辛弃疾生活和斗争的新篇章。

二十二、在生活中“思索”和“想象”

辛弃疾的生活中，有时候也会出现把世事都忘掉了的刹那间，这时，他就像一个脱离凡俗的赤子，尽情地歌唱自然，把自然物也描绘得超凡脱俗。如，他在《南歌子·新开池，戏作》里写道：

散发披襟处，浮瓜沉李杯。涓滑流水细侵阶。凿个池儿，唤个月儿来。

画栋频摇动，红蕖尽倒开。斗匀红粉照香腮。有个人人，把做镜儿猜。

他把自然景物写得那么美妙动人，其中的人物也那么烂漫情深，“凿个池儿，唤个月儿来”从容而有逸兴，颇使人神往。

然而，词人辛弃疾这种忘情世事，似乎一尘不染的洒脱感情，却是如同白驹过隙，很快便消失得无影无踪了。当辛弃疾对现实生活稍加咀嚼时，在他笔下的人情世态以及大自然的画图，却无不染上感慨深沉、愤懑抑郁的情调。

他在《蓦山溪·停云竹径初成》这首词作的上阕写道："小桥流水，欲下前溪去。唤取故人来，伴先生、风烟杖屦。行穿窈窕，时历小崎岖。斜带水，半遮山，翠竹栽成路。"环境与景物都很美，似乎也蛮潇洒超脱。但这首词的结句却说："野花啼鸟，不肯入诗来，还一似，笑诗翁，自没安排处。"写野花啼鸟忽又不肯助人兴致，老诗翁也顿然觉得心里没个着落。一点染，便使得这首词起始展开的轻快笔调，一下子笼罩了重重的愁云。

老词人辛弃疾，又在他的一首词作《永遇乐·检校停云新种杉松，戏作》里说："投老空山，万松手种，政尔堪叹。何日成荫，吾年有几，似见儿孙晚。古来池馆，云烟草棘，长使后人凄断。想当年、良辰已恨，夜阑酒空人散。"当年的"池馆"，已成"云烟草棘"时，"酒空人散"又在"良辰"，确实"长使后人凄断"的，这就有一种世事如梦的萧瑟感了。在这个时期，辛弃疾早年时常有的带着微笑看生活的态度，已经消失得殆尽，难寻踪影了。沉郁凄凉，悲歌慷慨，成为辛弃疾后期作品的普遍特征。

南宋社会是个动乱之世，但是理学却大为盛行。这对于统治阶级来说，需要有一个哲学体系来为它的政治稳定服务;但是对于社会来说,在那国家多难的时候,理学是适应人们思考国家和社会问题需要的精神产物。这种崇尚哲理、崇尚思辨的风气也影响到文学创作,这就是宋代文坛以议论为诗,以哲理入诗的社会根源。爱国词人辛弃疾,在他政治上深陷痛苦的渊薮而找不到出路的时候,也开始利用他的创作来表现他对人生和社会的思考,参加到文坛上流行的以议论和哲理为诗的合唱队伍中。“青山吞吐古今月,绿树低昂朝暮风。万事有为应有尽,此身无我自无穷。”这是辛弃疾写的并不为历代研究者所注意的一首诗《重午日戏书》。他以形象的方法,探讨人生问题,表现了一种深蕴哲理的意境。这种用形象的创造去回答人生哲理,在辛弃疾后期的词作中,并不鲜见。

“名利处,战争多,门前蛮触日干戈。不知更有槐安国,梦觉南柯日未斜。”(《鹧鸪天·睡起即事》)词人看到门前的蚁群争夺,联想到人间名利场的种种问题。“蜂儿辛苦多官府,蝴蝶花间自在飞。”(《鹧鸪天·有感》)表现了词人对自由的向往。“人情展转闲中看,客路崎岖倦后知。”(《鹧鸪天·送欧阳国瑞入吴中》)这也是一种人生经验的总结。“长忆商山,当年四老。尘埃也走咸阳道。为谁书到便幡然,至今此意无人晓。”(《踏莎行·和赵国兴知录韵》)商山四皓是汉初著名的隐士,他们以伯夷、叔齐的节操相标榜,但当太子刘盈

（后来的汉惠帝）向他们发出一纸邀请，商山四皓便乖乖地下山入京了。辛弃疾借用这段史事，嘲讽那些标榜清高的隐士们，指出他们灵魂深处对名利的留恋。

以上不过是略举数例罢了，它说明爱国词人辛弃疾在后期创作中的一种值得注意的现象。他在思索社会和人生的种种问题，并试图用自己对人生和社会的观点对这些问题进行解释。

自然，爱国词人辛弃疾并没有、也不可能完全沉溺在哲学的思辨之中，成为一个冥思苦想人生哲理的道学先生。写些蕴含哲理思想的作品，这不过是生活在逆境中的辛弃疾，对人生进行一些探索和思考罢了。辛弃疾到底不是一个哲学家，他从来就是一个文采焕发的词曲作家。以他豪雄的天才、傲岸的品格、充满坎坷的生涯，他的激情、幻想和想象力，在深受人生逆境的打击中，仍不时举首高歌，在痛苦的日子里唱出高昂的富于战斗的调子，这正是爱国词人辛弃疾可贵之处。

但是，辛弃疾举首高歌，也不是一种单调的呐喊，有时歌声沉郁，有时歌声轻快，这就决定于当时当事的具体环境了。

有一首《贺新郎》，格调比较沉郁些。作者在小序中说："邑中园亭，仆皆为赋此词。一日，独坐停云，水声山色，竞来相娱，意溪山欲援例者，遂作数语，庶几仿佛渊明思亲友之意云。”全词的内容是这样的：

甚矣吾衰矣。怅平生、交游零落，只今余几！白发空垂三千丈，一笑人间万事。问何物、能令公喜？我见青山多妩媚，料青山、见我应如是。情与貌，略相似。

一尊搔首东窗里。想渊明、《停云诗》就，此时风味。江左沉酣求名者，岂识浊醪妙理。回首叫、云飞风起。不恨古人吾不见，恨古人、不见吾狂耳。知我者，二三子。

起句“甚矣吾衰矣”，便有点儿沉郁感伤的意味。此词写于公元1198年，那时的辛弃疾已59岁，虽然并不年轻了，但还不到衰老的程度。这不过是有感于身处逆境而发的感叹而已。“怅平生、交游零落，只今余几！”这是实有所指的。志同道合的朋友如陈亮，交往很深的当朝宰辅赵汝愚，以及韩南涧、汤朝美、范成大和王淮，都先后谢世了。访旧半为鬼，惊呼热衷肠，又怎能不使人凄怆！知音少，弦断有谁听？辛弃疾的心情是十分沉重的。“白发空垂三千丈，一笑人世万事。问何物、能令公喜？”确实，能够使辛弃疾高兴的事情，可以说是难以找到。“我见青山多妩媚，料青山、见我应如是。情与貌，略相似。”我以他为妩媚，他以我为妩媚，两情相投的同志者，在人世间只有那自然物——青山了！词语在此处显得很轻快，但作者的内心是愤懑至极的。辛弃疾同人世、社会、现实的一切，做了无情的决裂！“一尊搔首东窗里。想渊明、《停云诗》就，此时风味”。当年的陶渊明，在新醪酿成的时候，思良朋而不可得，在东轩之下，搔首延伫。辛弃疾觉得此时他的思想感情与前贤陶渊明是息息相通的。“回首叫、云飞风起。”以风起云涌的澎湃之势形容作者此时的愤懑感情，那铺天盖地而来的风云之势也难以做恰如其分的比喻吧，与风云俱来的雷雨交加，恐怕才能同作者胸中激荡着的十二级风暴略有些近似。“不恨古人吾不见，恨古人、不见吾狂耳。知我者，二三子。”这是知交零落的感叹，与上文“怅平生、交游零落，只今余几”相呼应。莺其鸣矣，求其友声，但是志存复国壮志的辛弃疾，屡遭朝廷的贬谪，他又能到何处寻找知音呢！人谓稼轩词“色笑如花，肝肠似火”，这首《贺新郎》是一个很好的证明。

辛弃疾虽然处境恶劣，他的情绪仍时露轩昂，那社会政治的逆风并未能摧折他艺术想象的翅膀。正如三闾大夫屈原被放逐之后仍然上天下地，驰骋想象，奋力追求他的理想境界一样，辛弃疾也不乏气象奔腾的佳作。有一首《水调歌头》，就是辛弃疾在瓢泉处境极其困难的日子里写成的。其词有一小序说：“赵昌父七月望日用东坡韵叙太白、东坡事见寄，过相褒借，且有秋水之约，八月十四日余卧病博山寺中，因用韵为谢，兼寄吴子似。”全词内容如次：

我志在寥阔，畴昔梦登天。摩挲素月，人世俯仰已千年。

有客骖鸾并凤，云遇青山、赤壁，相约上高寒。酌酒援北斗，我亦蝨其间。

少歌曰："神甚放，形则眠。鸿鹄一再高举，天地睹方圆。"欲重歌兮梦觉，推枕惘然独念：人世底亏全？有美人可语，秋水隔婵娟。

这首词作说明，辛弃疾在经受了残酷的政治迫害之后，思想并没有因此而消极颓唐，他仍然幻想着那壮志凌云的事业，"我志在寥阔，畴昔梦登天"。既是回忆，也是理想；既有过去的意义，也有现实的和未来的意义。辛弃疾不会自暴自弃，他像暴风雨中的雄鹰，任凭风吹雨打，继续展翅翱翔；他也像金灿灿的一颗铜豌豆，落地铿锵有声，砸不碎打不烂。虽然，人世间的事情是不公平的，有时使他迷惘若失，"推枕惘然独念：人世底亏全？"但是，他仍然向往着未来，"有美人可语，秋水隔婵娟。"相信世界上总会有知音。

辛弃疾不愧是一个不屈不挠的斗士！

二十三、痛饮狂歌的背后

公元1198年，宁宗庆元四年，南宋政府突然降下诏书，宣布恢复辛弃疾的“集英殿修撰”和“主管建宁府武夷山冲祐观”的职名。这虽然都是空衔，但总算恢复了爵禄，能够领到朝廷的年俸了。为此，辛弃疾欣然命笔，写了一首《鹧鸪天·戊午拜复职奉祠之命》，他写道：

老退何曾说着官，今朝放罪上恩宽：便支香火真祠俸，更缀文书旧殿班。

扶病脚，洗衰颜，快从老病借衣冠。此身忘世浑容易，使世相忘却自难。

朝廷的这一点点儿“恩赐”，似乎并不容易医治好辛弃疾多年备受打击而留下的心灵创伤。因为，辛弃疾的雄心壮志还难以实现，他的生活是空虚的。

公元1200年，宁宗庆元六年的一个春光明媚的日子，老朋友、诗人杜仲高来访。闲居瓢泉家中的辛弃疾，设家宴款待了他。席上，杜仲高献了一首新创作的曲子词，辛弃疾即时奉和了一首。这就是《水调歌头·即席和金华杜仲高韵，并寿诸友，惟酾乃佳耳》，写道：

万事一杯酒，长叹复长歌。杜陵有客，刚赋云外筑婆娑。须信功名儿辈，谁识年来心事，古井不生波。种种看余发，积雪就中多。

二三子，问丹桂，倩素娥。平生萤雪，男儿无奈五车何。看取长安得意，莫恨春风看尽，花柳自蹉跎。今夕且欢笑，明月镜新磨。

这首《水调歌头》，告诉人们一个消息，那就是爱国词人辛弃疾对“功名事业”的态度越来越冷淡了。他说：“平生萤雪，男儿无奈五车何。”这是借喻“囊萤映雪”的历史故实，说读了那么多的书，纵有学富五车的才能，又有什么用呢？那种怀才不遇的愤懑心情是多么强烈！“看取长安得意，莫恨春风看尽，花柳自蹉跎。”唐朝时那个穷愁潦倒的孟郊，一旦高中进士，曾兴高采烈地写了两句诗：“青春得意马蹄疾，一日看尽长安花。”辛弃疾告诫自己，也告诫朋友说，如今已不同于孟郊的那个时代了，我们不必去羡慕他，如今京城的花柳都已憔悴了，春光已被耽误啦！表现出辛弃疾对事业上的进取，已经大失所望。

人总是要有精神寄托的，辛弃疾在政途上失望，只好把身心托付于酒杯之中。辛弃疾的这种思想倾向，我们在上文已经简略地谈到。饮酒消愁，是辛弃疾寻求自我解脱的一种办法。

“老我伤怀登临际，问何方、可以平哀乐？唯是酒，万金药。”（《贺新郎·用韵题赵晋臣敷文积翠岩，余谓当筑陂于其前》）只有酒，才能使他在忧愁中得到解脱。

当他看到从千丈高崖飞流直下的瀑布，也把它当作酒：“高处挂吾瓢，不饮吾宁渴。”（《生查子·简吴子似县尉》）他对酒的倾心，简直达到如痴如狂的地步。

朋友来了，见面后也是“山中有酒提壶劝”，而且要喝个痛快，一醉方休。“狂歌击碎村醪盏，欲舞还怜衫袖短。”（《玉楼春·用韵答叶仲洽》）醉后起舞，把蕴郁的感情畅畅快快地宣泄出来吧，只有这样才能解除心中的郁积。他在《丑奴儿》里写道：

近来愁似天来大，谁解相怜？谁解相怜，又把愁来做个天。

都将今古无穷事，放在愁边。放在愁边，却自移家向酒泉。

他所反复咏叹的，就是一个“愁”字，“愁似天来大”，忧愁的负载太沉重了，仿佛不能自我解脱，只有“移家向酒泉”了，归宿又是一个“酒”字。愁与酒，酒与愁，老英雄竟也被这二字重重围困，难分难解了。

酒能暂时使人沉醉，忘却忧愁，也忘却一切，但是等到酒力过去了，醒来后又将如何？他在另一首《浪淘沙·山寺夜半闻钟》里写道：

身世酒杯中，万事皆空。古来三五个英雄。雨打风吹何处是，汉殿秦宫？

梦入少年丛，歌舞匆匆。老僧夜半误鸣钟。惊起西窗眠不得，卷地西风。

表面看来似是怀古，而实际却是伤今。他在词作中描绘的境界，是更阑人静酒醒的时候，卷地西风使他再也不能入睡了，回转头思量，身世赖以寄托的，也是作者所全部感触的——“万事皆空”，更加鲜明，更加尖锐地显现出来了。

艺术，有时候只是一种象征。辛弃疾不厌其烦地在“痛饮狂歌”里做文章，一语说穿，只不过是发泄他胸中的郁积，对现实世界种种不平发出呐喊罢了。

辛弃疾在瓢泉时期的闲散生活，把他的聪明才智，把他的胸怀抱负，大都在游赏或饮酒中消磨了。所谓“而今何事最相宜？宜醉宜游宜睡”（《西江月·示儿曹，以家事付之》）。这时，他对朝廷政事，不在其位，难谋其政，在感情上虽时有牵扯，但事实上却毫无瓜葛了。他所交往的朋友，由于居住在穷乡僻壤,达官贵人也不多了,大都是一些小乡绅和小文士。如铅山县尉吴子似,地方士绅傅岩叟,退职小官吏赵昌父,以及并不得意的赵宋朝廷的宗室子弟赵茂嘉等人,互相寄赠诗词,唱酬奉和,以抒遣各自的牢骚感慨。

如果说带湖时期辛弃疾的牢骚感慨有其特点的话,那时是积极的,入世的,充满剑与火的。当时在他笔下出现的是:“白日射金阙,虎豹九关开。见君谏疏频上,谈笑挽天回。”(《水调歌头·汤朝美司谏见和,用韵为谢》)情调是多么昂扬。可是经过十多年的顿挫后,瓢泉时期的辛弃疾,吟咏的是:“万事云烟忽过,百年蒲柳先衰。”(《西江月·示儿曹,以家事付之》)人已老了,他感叹岁月蹉跎,当年的雄心壮志似乎无望实现了。但是他又不肯趋炎附势,随波逐流,他要追踪前贤屈原和陶潜的步履,借黄菊、芝兰寄托自己的幽思。“岁晚渊明……风流划地,向尊前、采菊题诗。”(《新荷叶·再题傅岩叟悠然阁》)“纫兰结佩有同心……却怕灵均独醒。”(《西江月·和赵晋臣敷文赋秋水瀑泉》)这个时期,如果说辛弃疾的思想和创作同样有其特点的话,就是那种由于屡遭挫折而产生的出世思想,甚至是消极的情调,它并不是朦胧得难以捉摸了。当然,老词人的这种表现,同样意味着反抗。寄情于黄菊、芝兰,吟咏于山、水之间,同放声歌唱剑与火,对不合理的社会现实一样具有批判的价值。

诗与酒，给辛弃疾以思想解脱，能使他的心情舒展一些。但是，这种舒展并不能持久，现实总是以一种极其残酷的面貌出现在他的面前。这时，辛弃疾便愤慨地发出同一切决绝的吼声了。“都休殢酒，也莫论文。把《相牛经》，种鱼法，教儿孙。”(《行香子·博山戏呈赵昌甫、韩仲止》)这就是说，官场上的事情，不能再去问津啦，还是收拾起一切行当，教儿孙们养牛种地吧！

辛弃疾退闲居家，朋友们免不了有时撺掇，希望他还是出来做些事情，辛弃疾也不免有时心动，但是出来做事并不决定于他个人。朝廷上就是不用你，你个人也毫无办法。辛弃疾内心极端痛苦是自不待言的。《鹧鸪天·有客慨然谈功名，因追念少年时事，戏作》，便反映出辛弃疾的这种心情。他写道：

壮岁旌旗拥万夫，锦襜突骑渡江初。燕兵夜娖银胡𩨱，汉箭朝飞金仆姑。

追往事，叹今吾，春风不染白髭须。却将万字平戎策，换得东家种树书。

朋友们谈起功名事业，却引起了辛弃疾对往昔叱咤风云生活的回忆。他想起追随耿京起义山东的时候，少年戎装，旌旗猎猎，统率着上万的起义队伍，到处打击敌人，是何等雄壮而快意！就是耿京遇害了，辛弃疾率兵渡江南下，起义军的行动也吓得金兵睡觉都不得安宁,头枕着箭袋趴在地上提防起义军的袭击。那时候,起义军真是所向披靡,箭袋里有射不完的箭,敌人为之闻风丧胆。想起过去的业绩真使人振奋。但是,辛弃疾接着笔锋一转,他感叹岁月无情人已老了,春风能把枝头吹绿,却不能把人的白胡子染黑。这些,其实还是不甚紧要,最使辛弃疾愤慨的是,他那恢复统一的谋划,竟然一再被朝廷拒绝,而且还逼着他告老回家种田!

上面提到,辛弃疾在许多词作中,反复咏叹的"愁"呀,"酒"呀,如果嫌它们说得还欠明朗的话,那么,这首《鹧鸪天》,便把作者种种"愁""病""衰"的总根源说个一清二楚了。婉约派词人的作品有些让人猜谜,隐晦得叫人摸不着头脑。而豪放派词人,如辛弃疾的作品,常常是率真的,自己的观点不做任何隐瞒,像冰心之在玉壶,里里外外晶莹透亮。

二十四、庆元党禁的旋风

辛弃疾常以屈原和陶渊明作为自己效法的榜样。在我们研究了辛弃疾的为人行事以及他的作品之后，就会觉得这不是辛弃疾空泛的自我标榜，或者就像有些文人骚客那样借用前贤的名望来提高自己的身价，附庸风雅。辛弃疾是说到做到的。《宋史·辛弃疾传》收录了这样的一段轶闻："（朱）熹殁，伪学禁方严，门生故旧至无送葬者，弃疾为文往哭之。"

南宋的这位理学家朱熹，在他身后几百年间无疑享有很高的盛名，特别是在明清之世，在儒门学派中，他的名气仅次于孔子，被人们尊称为朱夫子。但是，朱熹在世的时候，他生平并不是那么称心快意的。这是因为，在南宋的党派斗争中，朱一直站在宰相赵汝愚那一边，在朝廷上坚持反对掌握内廷权力的韩侂胄。赵汝愚在朋党角逐中彻底失败了，韩侂胄得势，以朱熹为首的一群道学家们也就受到了株连。

公元1197年，宁宗庆元三年冬，南宋政府宣布了一个"伪学逆党"的名单，网括赵汝愚、朱熹等59人为"逆党"，朱熹被称为"伪学之魁"，说他"以匹夫而窃人主之柄，鼓动天下，图为不轨"，罗列了朱熹有所谓六大罪状，"熹有浮于少正卯之罪，其可不亟诛之乎！"（见叶绍翁《四朝闻见录》丁集）甚至有人上书，建议"斩朱熹以绝伪学"的。这就是著名的"庆元党禁"事件。

公元1200年，庆元六年春，朱熹去世，身后萧条，竟至于门人故旧没有人敢去送葬的。这时，辛弃疾却挺身而出，从铅山瓢泉到建阳武夷山中，吊唁朱熹，并亲自写了一篇祭文，称赞朱熹："所不朽者，垂万世名。孰谓公死，凛凛犹生！"（见《宋史·辛弃疾传》）

当然，这说明辛弃疾和朱熹有着深厚的友谊。公元1193年，辛弃疾从福州任上前赴临安途中，曾到建阳访朱熹，同游武夷山，辛弃疾赋《九曲棹歌》，两人情谊甚款，其中有一首歌写道："山中有客帝王师，日日吟诗坐钓矶。费尽烟霞供不足，几时西伯载将归？"辛弃疾对朱熹的生平学问评价是这样高。但是，"党禁"事件发生后，曾经一度是朱熹的门生及崇拜者们，都纷纷掉头转向，投奔韩侂胄这一边了，其中论列朱熹六大罪状的沈继祖，原先就是一个朱熹的狂热崇拜者，是"尝采摭熹《语》《孟》之语以自售"的人。辛弃疾却不是这类

“善观风向”的投机分子，他根据自己的观点，该怎么做就怎么做。在“党禁”甚嚣尘上的时候，辛弃疾毅然前往吊唁朱熹，这需要有足够的政治勇气，是要冒很大风险的。

辛弃疾在对待朱熹的态度上有着不同于当时世俗的立场，另一方面，他对同朝廷上的掌权人物韩侂胄也决不附和，这与其说是出于与朱熹的朋友情谊，毋宁说是辛弃疾出于一种正义感，出于愤世嫉俗的思想感情。因为，怀抱北伐大志的辛弃疾，随着岁月的流逝，理想却落空了，这是社会的政治现实造成的，于是，他对现实就采取了批判的态度。吊唁朱熹之丧，应当看作是辛弃疾批判当时社会政治现实的一个行动。

辛弃疾在公元 1202 年写的一首《行香子》里，对社会现实的批判态度表现得再明确不过了。他是这样写的：

归去来兮，行乐休迟。命由天，富贵何时。百年光景，七十者稀。奈一番愁，一番病，一番衰。

名利奔驰，宠辱惊疑，旧家时都有些儿。而今老矣，识破关机：算不如闲，不如醉，不如痴。

所谓“命由天”的“命”，指的自然是辛弃疾的雄心壮志，“天”则是社会现实的代词。辛弃疾认识到了他的“命”不决定于他个人的主观努力，“天”这个社会现实给了他决定性的制约。辛弃疾经过了几十年的奔走呼号，宦海升沉，种种惨痛的教训使他识破了“关机”。如果说，过去他曾经有过“名利奔驰，宠辱惊疑”种种打算的话，那是“旧家时”的事了，如今却实在看透了。“算不如闲，不如醉，不如痴。”这正是辛弃疾对现实的一种否定。

1203 年，辛弃疾在他 63 岁寿辰时写的一首《临江仙·壬戌岁生日书怀》，也表现了同样的思想。“六十三年无限事，从头悔恨难追。”辛弃疾南归的几十年间，他的一个个愿望都破灭了，他非常痛苦，但是，他又能说什么和做什么？他只好在“悔恨”中打发日子，“病中留客饮，醉里和人诗”了。

辛弃疾说了这许多牢骚话，其中包含着消沉的情绪自然不可免，但这是表面的消沉，在骨子里还是一种对现实的批判和抗争。辛弃疾游武夷山时，写了十首《棹歌》送给朱熹，其中一首说：“巨石亭亭缺啮多，悬知千古也消磨。人间正觅擎天柱，无奈风吹雨打何。”可以视作辛弃疾人格的表现，他如同擎天柱一样，对黑暗现实顽强抗争。

《千年调·开山径得石壁，因名曰苍壁。事出望外，意天之所赐邪，喜而赋》，这首词是辛弃疾的晚年之作。他写道：

左手把青霓，右手挟明月。吾使丰隆前导，叫开阊阖。周游上下，径入寥天一。览玄圃，万斛泉，千丈石。

钧天广乐，燕我瑶之席。帝饮予觞甚乐，赐汝苍壁。嶙峋突兀，正在一丘壑。余马怀，仆夫悲，下恍惚。

在现实寻找不到的东西，他便神驰想象，上天下地，追求他的理想王国。这首曲子词，无论思想内容或构思形式，都是有意取法屈原的《离骚》。他像屈原那样，叫雷师丰隆作前导，令帝阍打开天门阊阖，他要周游上下，到达神山玄圃，在昆仑之巅得到了“万斛泉”和“千丈石”。这时，上帝为他奏了钧天广乐，在瑶池设宴为他洗尘，并赠给他一块人寰绝宝：“苍壁”。在那“理想的王国”里，辛弃疾得到了满足。但是，当他的思想回到人世的现实时，辛弃疾便如同屈原在《离骚》里所描写的那样了，“仆夫悲余马怀兮，蜷局顾而不行”。理想与现实之间存在着尖锐的矛盾，辛弃疾怎样努力奋斗，也弥合不了这种矛盾的巨大裂缝。

中国人有句古老的格言：不平则鸣。辛弃疾晚年越来越觉察到个人与社会，主观与客观，理想与实际，存在着巨大的矛盾而无法解决，于是便诉之于辞章，用自己的作品宣泄胸中的悲愤。这种宣泄的方式，或直抒胸臆，或借古喻今，或登临凭吊触景抒情，或借朋友往还时会面和送别，借他人的酒杯浇自己的块垒。

“倦客新丰，貂裘敝、征尘满目。弹短铗、青蛇三尺，浩歌谁续？不念英雄江左老，用之可以尊中国。叹诗书、万卷致君人，翻沉陆。”(《满江红》)壮士悲歌，振衣起舞，这首曲子词是老词人辛弃疾直抒胸臆的典型。他是那样不甘心在寂寞中销毁自己，高声呼喊出“不念英雄江左老，用之可以尊中国”的抗议声，其强烈达到难以抑制的程度！

不肯过江东，玉帐匆匆。只今草木忆英雄。唱着《虞兮》当日曲，便舞春风

儿女此情同，往事朦胧。湘娥竹上泪痕浓。舜盖重瞳，堪痛恨，羽又重瞳。

这首《浪淘沙·赋虞美人草》借古喻今。辛弃疾对失败英雄项羽的惋惜，其实是寄托着对南宋那些投身复国事业而遭到挫折的志士们的惋惜。项羽因为“不肯过江东”，所以失败了，换句话说，如果项羽再回到江东去，重整旗鼓，未必就会失败。南宋是个失败情绪浓重的社会，辛弃疾在这里伤悼项羽，借古喻今，是有深意在其中的。

“旧时楼上客，爱把酒、对南山。笑白发如今，天教放浪，来往其间。登楼更谁念我，却回头西北望层栏。”(《木兰花慢·题上饶郡圃翠微楼》)。爱国词人辛弃疾，他没有放过任何一个机会，表达自己的爱国思想。这是他在 1198 年的一个秋日，登上上饶的翠微楼时，触景生情，怀念北方失陷在金人手里的半壁河山。辛弃疾时时、事事、处处都没有忘记恢复祖国统一。

公元 1202 年，辛弃疾的族兄弟辛茂嘉调赴桂林，他连续写了两首送别词，即《永遇乐·戏赋辛字，送茂嘉十二弟赴

调》和《贺新郎·别茂嘉十二弟》。前一首词叙述兄弟分别之情,有许多家长里短的谆谆嘱咐,而后一首词则完全是借题发挥,借送别而抒发自己对现实的愤懑。他写道:

绿树听鹈鴂。更那堪、鹧鸪声住,杜鹃声切。啼到春归无寻处,苦恨芳菲都歇。算未抵、人间离别。马上琵琶关塞黑,更长门翠辇辞金阙。看燕燕,送归妾。

将军百战身名裂。向河梁回头万里,故人长绝。易水萧萧西风冷,满座衣冠似雪。正壮士、悲歌未彻。啼鸟还知如许恨,料不啼、清泪长啼血。谁共我,醉明月?

这首词的艺术价值,历代评价都极高。如陈廷焯在《白雨斋词话》里说:"稼轩词自以《贺新郎》一篇为冠;沉郁苍凉,跳跃动荡,古今无此笔力。"王国维的《人间词话》说:"稼轩《贺新郎》词送茂嘉十二弟,章法绝妙,且语语有境界,此能品而几于神者。然非有意为之,故后人不能学也。"

全词的着眼点在写"如许恨"!读后,确实给人一种沉郁苍凉的感觉。辛弃疾早年创作的那种明快、乐观的情调,如今是不易见到了。如写于公元1174年的《太常引·建康中秋夜为吕叔潜赋》:"乘风好去,长空万里,直下看山河。斫去桂婆娑,人道是、清光更多。"那时的辛弃疾对现实是充满憧憬的,幻想着自己的抱负终有实现的机会。就是在带湖时期,辛弃疾遭到贬逐,他对前途依然满怀自信。如写于公元

1184 年的《满江红·送李正之提刑入蜀》说道："蜀道登天，一杯送绣衣行客。还自叹：中年多病，不堪离别。东北看惊诸葛《表》，西南更草相如《檄》。把功名、收拾付君侯，如椽笔。"辛弃疾在这里虽然也说自己不行了，但他仍把希望托付于朋友们，那豪情壮志何曾减色。

如今这首《贺新郎·别茂嘉十二弟》，可以看出作者的思想经历了深刻的变化后，他似乎对人间的一切都感到无望，他笔底有的是倾诉不完的恨、恨、恨！苍凉满目，令人不堪卒读。自己的一位族中兄弟因事调赴桂林，手足分离固然使人怀恋，但是，能有如许深重的"恨"吗？如果拨开那些语言点染的迷离外表，便可清楚地看出，作者只不过是借题发挥罢了。一句话，有如上面所述，辛弃疾已经认识到了客观现实同他主观抱负之间隔着无法逾越的鸿沟。他失望了。他似乎意识到自己正在重蹈前贤屈原和陶渊明的覆辙，将要饮恨终身！

"绿树听鹈鴂。更那堪、鹧鸪声住，杜鹃声切。"鹈鴂、鹧鸪，还有杜鹃，一声声凄凄啼叫，没完没了。越是不忍听，它越是一声声叫得更凄切。艺术有所谓象征的手法，这又是象征着什么呢？它象征着作者在政治舞台上遭受到一个接一个的挫折吗？还是象征着作者胸中压抑着无穷无尽的郁闷呢？

“啼到春归无寻处，苦恨芳菲都歇。算未抵、人间离别。”凄凄啼鸟，春色也为之黯然了，一年之中最美好的春日的芳菲也悄悄地消逝了。春天过去了，这能不令人无限伤感吗！作者把它比喻作离别之情，这不过是狡黠的一笔！

情犹未了，言犹未尽，作者把眼前的深深之恨，切切之情，一口气列举了历史上五桩故实，用作比拟。第一桩是“马上琵琶关塞黑”的昭君出塞；第二桩是“更长门翠辇辞金阙”的失宠于汉武帝而被打入冷宫的陈皇后；第三桩“看燕燕，送归妾”，是《诗经》卫庄姜与归妾戴妫诀别的故事；第四桩“将军百战身名裂。向河梁回首万里，故人长绝”，是汉时名将李陵身陷匈奴，与故友苏武决裂的情形；第五桩“易水萧萧西风冷，满座衣冠似雪”，说的是燕太子丹送刺客荆轲入秦刺秦王的悲壮场面。这都是古代社会人间大悲大愤的事件，可歌可泣的往事。末了作者又以“正壮士、悲歌未彻”点题，使那绵绵不尽的幽愤情思更为触目惊心，动人魂魄！全词只有末尾一句“谁共我，醉明月”才涉及“送别”本题，难道作者用的都是旁敲侧击的寓言么，显然不是。“醉翁之意不在酒，在乎山水之间也。”欧阳修的这句话，可以用来说明辛弃疾创作的言外之旨。辛弃疾只不过是借“送别”为由，抒发自己对现实的愤懑罢了！

无产阶级文学的奠基者高尔基曾经说过一句很深刻的

话:“革命以前的文学的基本主题乃是这样一种人的悲剧,这种人觉得生活是局促的,感到自己在社会里是多余的,替自己在社会里寻求舒适的地方,然而寻找不着……”(高尔基:《文学论文选》)。这句话,基本上可以用来比拟此时辛弃疾的思想和他的词作。当然,应该指出,辛弃疾是中国12世纪的爱国词人,他不同于俄国19世纪小说中那些被称为“多余人”的人物形象。辛弃疾并不是替自己在社会寻求一个舒适的地方,而是为国家、为民族追求一个光明的前途。当然,他并没有找着。

辛弃疾在政治上屡遭挫折之后,晚年又经受了“庆元党禁”旋风的冲击,他的名字虽然没有被列入“伪学逆党”的名单中,但也间接受到了排挤和打击。然而,他敢于面对残酷的现实,挺身而出进行种种斗争。

二十五、第二次出山

公元 1203 年，宋宁宗嘉泰三年的夏天，南宋政府起用辛弃疾知绍兴府兼浙东安抚使。这是辛弃疾南归后第三次出仕了，也是被贬后第二次出山。辛弃疾这年 64 岁。

这次辛弃疾再度出仕，《宋史·辛弃疾传》只有寥寥数语记载其事，朱熹的学生黄干写的《与辛稼轩侍郎书》也论及当日的情景："明公以果毅之资，刚大之气，真一世之雄也，而抑遏摧伏，不使得以尽其才。一旦有警，拔起于山谷之间，而委之以方面之寄，明公不以久闲为念，不以家事为怀，单车就道，风采凛然，已足以折冲于千里之外。"（《勉斋集》卷四）黄的这封书信，措辞可能有所溢美，但基本上还是从一个侧面反映了辛弃疾当时的真实情形。

辛弃疾先后被闲置长达 18 年之久（带湖 10 年，瓢泉 8 年），宝刀空老，壮志消磨。他怨恨，"不是长卿终慢世，只缘多病又非才”(《瑞鹧鸪》);他愤懑,“人沉下土,我上天难”(《柳梢青》);他嘲笑那些当权者,“李蔡为人在下中,却是封侯者”(《卜算子》)。他无意于再次出仕了,“无心出岫,白云一片孤飞。”(《新荷叶》)“吾有志,在沟壑。”(《贺新郎》)辛弃疾这些自我表白的话,绝不是一时心血来潮的信口雌黄之言。

但是,事到如今,为何一纸诏书下来,辛弃疾竟然“不以久闲为念,不以家事为怀,单车就道,风采凛然”前去赴任了呢?原来,在13世纪初叶,南宋国内外的形势发生了很大的变化。这种变化,表现在两个方面:首先是南宋的北部劲敌金朝,国力日益衰弱。金朝北部的蒙古族强大起来了,对金人造成了威胁。形势的变化,给南宋提供了一个振奋自强、收复失地的极好机会。在这国士用命之时,一生为统一祖国而奋斗的辛弃疾,难道他能够心安理得,等闲视之吗?再者,南宋的当权人物韩侂胄开始做出了一系列的政策调整:第一,他趁金人国势日弱,制造抗战舆论,为北伐准备条件;第二,他宣布解除“伪学党禁”,起用了一批被罢黜的文臣武将,改善了统治阶级内部的紧张关系。《续资治通鉴》卷一百五十六,嘉泰三年,有一则记载:“是冬,起参知政事张岩帅淮东,同知枢密院事程松帅淮西,侍郎邱密守明州,大卿辛弃疾帅浙东,以李奕为荆、鄂副都统兼知襄阳,声言备金人启衅,其实韩侂胄欲用兵北伐也。”辛弃疾毕竟是个有抱负、有雄心壮志的爱国英雄，虽然他屡受打击，但国家既然需要他，他还是不顾年纪老大，毅然起程赴任。

辛弃疾的任所绍兴，是古代会稽故地，典章文物，颇盛一时。到任之初，辛弃疾甚是喜欢这个人杰地灵、物产比较丰饶的地方。他有一首《浣溪沙·常山道中即事》写道：

北陇田高踏水频，西溪禾早已尝新，隔墙沽酒煮纤鳞。
忽有微凉何处雨，更无留影霎时云。卖瓜人过竹边村。

这首词作，洋溢着自然、浓郁的江南风情，作者面对眼前的美景，心情感到无比惬意。蛰居带湖和瓢泉时期的心头愁云，此刻似乎都已消散殆尽。

古城绍兴，名胜古迹也真不少。卧龙山下有蓬莱阁，为五代时吴越国君钱镠所建。城外东南四十里有秦望山，相传秦始皇曾登之以望东海，山上有秦丞相李斯的刻石。城南有若耶溪，相传是古代美人西施浣纱的地方。还有，东晋时代显赫一时的王、谢两姓豪门大族，都曾在这儿住过。王羲之曾宴集于兰亭，谢安曾隐居于东山，他们都留有遗迹。辛弃疾到任不久，便兴致勃勃地上卧龙山，登蓬莱阁，写下了一首《汉宫春·会稽蓬莱阁怀古》：

秦望山头，看乱云急雨，倒立江湖。不知云者为雨，雨者云乎。长空万里，被西风、变灭须臾。回首听、月明天籁，人间万窍号呼。

谁向若耶溪上，倩美人西去，麋鹿姑苏？至今故国人望，一舸归欤。岁云暮矣，问何不、鼓瑟吹竽？君不见、王亭谢馆，冷烟寒树啼乌。

辛弃疾冒着瓢泼大雨，独个儿登上蓬莱阁。对面不远的秦望山，这时乱云翻滚，急雨倾盆，天上的雨云和地面的水注混茫一片，什么都看不清楚。不一会儿，刮起了西风，将雨云吹散了，但已夜色深沉，天上升起了一轮明月，在这须臾的变化中，传入作者耳际的，是大自然的各种各样的响动声，“回首听、月明天籁，人间万窍号呼”这是多么激动人心呀，老词人辛弃疾陶醉在这部大自然的“大合唱”中了。接下来，他又开始神驰想象，问道：是谁来到若耶溪上，把美人西施带走了呢？至今故乡的人们，还在盼望她回来啊！辛弃疾举目远眺，看到远远隐约可辨的那是兰亭，那是东山故址的时候，忽又喟然叹息：“真是岁月不由人啊，当年豪华一时的王亭谢馆，如今只剩得点点远烟、几株寒树、一队啼鸦了！”

应当说，这首《汉宫春·会稽蓬莱阁怀古》，很富于意境美，它又像一篇抒情性很浓的游记。词的上阕，那“倒立江湖”的描写，那“回首听、月明天籁，人间万窍号呼”的比拟，仍然带着早期稼轩词那活脱脱的想象和气昂昂的豪情。所不同的，是词人的笔力变得更纯熟了。词的下阕，带着微微的感喟，但又不同于带湖或瓢泉时期那种愤懑之情。它像春天的风儿，虽略带寒意，但终不似腊月天时那么凛冽了。

但是话又说回来，辛弃疾是不是从此对一切都感到很满足了呢？壮志未酬，英雄老去，辛弃疾他又怎能从此把牢愁抛却，把怨恨付之东流呢！他的情绪，有随环境发生变化而变化的一面，但万变却不离其宗：爱国词人辛弃疾毕生的奋斗都是为了恢复祖国统一，重整山河，此志未偿，此情难泯啊！

辛弃疾治浙期间，在调节农事、整顿治安行政的余暇，像在治滁时创建奠枕楼一样，他在绍兴城内也创建了一座秋风亭。辛弃疾为官，总是要有所建树的。他写了一首《汉宫春·会稽秋风亭观雨》记其事，其中有句："山河举目虽异，风景非殊。"借东晋南渡，过江诸人在新亭饮宴故事，暗示祖国山河还处在分裂的状态中。这是辛弃疾心中始终感到的最大的不安。

他在一首叫《瑞鹧鸪》的词中写道：

胶胶扰扰几时休？一出山来不自由。秋水观中山月夜，停云堂下菊花秋。

随缘道理应须会，过分功名莫强求。先自一身愁不了，那堪愁上更添愁。

衙门生活，只不过是费人心神的烦琐、拉杂、使人"胶扰不休”的官事罢了，他觉得沉溺于其中，总不如在山中生活那么自由自在。辛弃疾有思念故园之意，他不满庸俗无聊的官场生活。“随缘道理应须会，”隐含着他这次出山，只不过是顺从朝廷的诏令而已。“过分功名莫强求。”他日夜盼望能够为国为民建功立业，如今看来似乎是属于“过分”的“强求”了，所以便引出更深一层的想法来——“先自一身愁不了，那堪愁上更添愁。”壮志未酬，事业难以成功，又怎能不使我们的爱国词人愁上加愁！

沉吟愤懑多，激昂畅快少，是辛弃疾晚年作品的基调。《满江红》又是一例，他写道：

紫陌飞尘，望十里、雕鞍绣毂。春未老，已惊台榭，瘦红肥绿。睡雨海棠犹倚醉，舞风杨柳难成曲。问流莺、能说故园无？曾相熟。

岩泉上，飞凫浴。巢林下，栖禽宿。恨荼蘼开晚，谩翻红玉。莲社岂堪谈昨梦，兰亭何处寻遗墨？但羁怀、空自倚秋千，无心蹴。

时节虽说还是春天，但是绿肥红瘦，花已飘零，是春光将要逝去的时候了。可是春日的郊原，处处是宝马香车，人们春游的意兴正浓呢。老词人辛弃疾此时的心情，却与眼前的自然春色和游人们的兴致完全相反。他见到的是那些像喝醉了酒似的海棠在那里既无聊又懒散，那些在春风中荡漾起舞的杨柳枝条，也配合不成什么能吸引人的曲调。流莺却是旧曾相识的故交，但它能向人叙说那使人日思夜想的故乡状况吗？凫鸟得意地在水面俯仰浮沉，似乎给这寂寞的环境增添了一点点生气，可是别的禽鸟却一只只栖伏在枝头，一动也不动，那生气也就被冲淡了。至于那晚开的荼蘼花，春天将要过去，它才得意地开放，那也只有徒然增添人们的愁、恨而已！辛弃疾写到这里，忽又浮想联翩，想起了古来那些贤人雅士们的逸事。他说，此情此景，就是纵然有莲社那些志同道合的贤士们招饮，料想陶渊明也懒得旧梦重提了吧，那王羲之的兰亭禊会，想来也不可追寻！这时，笔触一转，从往昔遗闻转到眼前景物，秋千架就在跟前，然而，他又有什么闲心去玩呢！

辛弃疾又回到了生活的矛盾状态中。这种思想感情的多变，像忽雨忽晴的夏日云天，又像是乍暖乍寒的早春天气。这是为什么？这本来也不难理解，那是时代使然，社会生活使然，他的复国壮志难酬所使然！

辛弃疾治浙时期，值得一提的还有他与爱国诗人陆游的一段交往。

陆游比辛弃疾年长 15 岁，公元 1203 年，64 岁的辛弃疾来到陆游的故乡绍兴府做官，正赶上 80 高龄的陆游也于本年告老归家，两位爱国诗人幸运地结识了，两人一见如故，竟成了忘年交。

陆游家住绍兴鉴湖之旁，周围环境恬静而幽雅，只是住房却破旧了些。辛弃疾非常体谅陆游的生活清苦，主动提出帮助他修造一所新房，安贫乐道的陆游却婉言辞谢了。此事见于陆游的《剑南诗稿卷六·草堂诗》，有句："幸有湖边旧草堂，敢烦地主筑林塘。"自注云："辛幼安每欲为筑舍，余辞之，遂止。"

辛弃疾和陆游相知，陆游还是辛弃疾的诤友呢。那是公元1203年，宁宗嘉泰三年的腊月，南宋政府忽又降诏，召辛弃疾晋京议事。这时，辛弃疾略有些犹豫。这可能是辛弃疾对在朝廷掌权的韩侂胄并不很放心，对于自己屡次被弹劾罢免还有些耿耿于怀。陆游则鼓励他应当痛痛快快应召晋京，担当起国家给予的重任。辛弃疾临行前，陆游又写了一首诗《送辛幼安殿撰造朝》相赠。在这首著名的诗篇里，陆游热情赞扬辛弃疾的才华和功业，说辛弃疾是有修养和威名的人才，艺术才能超过鲍照、谢灵运这些著名诗人，治国安邦的本领又可以同管仲、萧何这些古代贤相媲美。他进一步鼓励说，要是辛弃疾挂帅出征，迟早能够把战旗插上天山，收复失地。末了，特别着重地提出两点：其一提出"古来立事戒轻发，往往谗夫出乘罅"，忠言告诫辛弃疾凡是行事须谨慎，不要因为草率大意造成空隙，被奸人们所利用；其二则说"深仇积愤在逆胡,不用追思灞陵夜”。劝说辛弃疾把仇恨记在敌国金人的账上,不要像李广那样胸怀狭小,捕杀曾经开罪于自己的那个灞陵尉,意思是要辛弃疾忘记个人的恩怨,以国家大事为重。陆游这番语重心长的临别赠言,表明了辛弃疾与陆游两人相识虽晚,交情却是深厚的。

爱国词人辛弃疾并没有辜负老诗人陆游的谆谆劝勉,他愉快地踏上了新的征途,胸中的爱国热忱有如燎原之火,熊熊地燃烧起来了。

二十六、京口放歌，壮怀激烈

当辛弃疾一旦决定接受朝廷的诏命，他便急于要行动了，因为他是个刚强自信、雷厉风行的人啊。《会稽续志卷二，安抚题名》记载："辛弃疾，……当年十二月二十八日召赴行在。"他等不得过春节，当即就动身晋京了。

被门生范开称赞为"一世之豪，以气节自负，以功业自诩，方将敛藏其用以事清旷"的辛弃疾，这次北上，他是多么希冀早年就立下的统一祖国的宏伟理想能得到实现。过了年，他就是65岁的老人了，他觉得为国家尽力的日子并不是很多的了。虽然，他在人生的道路上历尽坎坷，宦海升沉，是非功罪，如今他并不想去计较它，他一心一意想的是，到了朝廷，怎样千方百计地对当政者晓之以义利，动之以情理，促使当局下定决心，实现恢复统一大业。

在辛弃疾赴召之前，南宋政府接连获悉两桩重要的情报，一桩是："（嘉泰三年）十二月，邓友龙使金，有赂驿使夜半求见者，具言金为蒙古所困，饥馑连年，民不聊生，王师若来，势如拉朽。友龙大喜，归告韩侂胄，且上倡兵之书，北伐之议遂起。"（见《续资治通鉴》卷一百五十六）另一桩是："嘉泰三年冬，知安丰军厉仲方言，淮北流民有愿过淮者，帅臣以闻。"（见《朝野杂记》乙集卷十八）这是辛弃疾应召赴京前不久，发生的两件事，为辛弃疾晋见时陈述恢复政见准备了舆论基础。

辛弃疾这次赴京晋见的情形，《朝野杂记》乙集卷十八亦有记载："会辛殿撰弃疾……入见，言金国必乱必亡，愿付之元老大臣，务为仓猝可以应变之计。侂胄大喜，时四年正月也。"

辛弃疾虽然位居下僚，并长时期住在乡下，但是以他报国的赤心，经常关心国事，所以他对敌国金朝的形势是了解的。他能进言"金国必乱必亡"，他是有充分事实根据的。同时，辛弃疾认为进行抗金的准备工作，必须"付之元老大臣"，把领导抗战的重担交给那些经过考验的、有作战经验的老一辈大臣将帅。这些意见，自然也包括了爱国诗人陆游的见解在内。辛弃疾没有忘记，陆游在分别时的嘱咐："古来立事戒轻发。"而后来，韩侂胄没有充分准备好，就贸然发动"开禧北伐"，结果遭到惨败，韩侂胄也因此身败名裂，辛弃疾和陆游是预见到了,这是后话。

辛弃疾这次晋京,受到宁宗皇帝的接见。《宋史·辛弃疾传》说:“四年,宁宗召见,言盐法,加宝谟阁待制,提举佑神观,奉朝请。”把辛弃疾的职名晋升了一级。不久,南宋政府便派辛弃疾到江防前线的镇江府任守令。看来,朝廷把辛弃疾这员老将部署在抗战前线了。

镇江又名京口,是座历史名城,又是历代兵家必争之地。《元和郡县志》说:“孙权自吴徙治丹徒,号曰京城。后徙建业,于此置京口镇。”可知孙权曾在此建都。南朝宋武帝刘裕早年也曾在京口住过,并且曾以京口为据点,起兵北伐,战胜了侵扰中原的鲜卑人,推翻东晋做了皇帝。辛弃疾在南归前后,曾在京口和扬州之间活动过,从事抗金斗争。现在,辛弃疾到镇江府任职,是旧地重游了。

辛弃疾到任镇江,首要一件事是抓战备。据南宋人程珌在《丙子轮对札子(二)》里回忆说:“甲子(公元 1204 年,正是辛弃疾守镇江时期)之夏,辛弃疾尝为臣言:‘中国之兵,不战自溃者,盖自李显忠符离之役始。百年以来,父以诏子,子以授孙,虽尽僇之,不为衰止。唯当以禁旅列屯江上,以壮国威。至若渡淮迎敌,左右应援,则非沿边土丁断不可用。目今镇江所造红衲万领,且欲先招万人,正为是也。’”可见,辛弃疾到任后,即主张在当地招募强悍善战的土丁万人以备战，他已经着手制造万领红衲（军装），准备新兵入伍后应用。

程珌还在《丙子轮对札子（二）》里继续说："（辛弃疾）又与臣言：'谍者师之耳目也，兵之胜负与夫国之安危悉系焉。而比年来有司以银数两、布数匹给之，而欲使之捐躯深入，刺取虏之动息，岂理也哉。'于是出方尺之锦以示臣，其上皆虏人兵骑之数，屯戍之地，与夫将帅之姓名。且指其锦而言曰：'此已废四千缗矣。'"

可以想见，辛弃疾的备战活动抓得多么细致，多么得法。要打仗，就先要知己知彼。辛弃疾舍得以重金收买谍报，派出间谍深入敌方，刺探军情。这些都说明辛弃疾在扎扎实实地做抗金复国的准备。

忙于戎务的辛弃疾，写作较少。但是，他在守镇江期间，还是给我们留下了一些传世的佳作。其中就有《永遇乐·京口北固亭怀古》这样气势撼人，激昂慷慨的辞章。他写道：

千古江山，英雄无觅，孙仲谋处。舞榭歌台，风流总被，雨打风吹去。斜阳草树，寻常巷陌，人道寄奴曾住。想当年：金戈铁马，气吞万里如虎。

元嘉草草，封狼居胥，赢得仓皇北顾。四十三年，望中犹记，烽火扬州路。可堪回首，佛狸祠下，一片神鸦社鼓。凭谁问：廉颇老矣，尚能饭否。

这首《永遇乐·京口北固亭怀古》，可能是辛弃疾巡视江防时，登上北固亭，看了大江上下之后，有感而作。历代研究者对这首词的评价都极高，明人杨慎认为："辛词当以京口北固亭怀古《永遇乐》为第一。"这是极有眼力的见解。辛弃疾的同时代人岳珂曾批评这首《永遇乐·京口北固亭怀古》："微觉用事多耳。"后人有为辛弃疾的这首词打抱不平的，说："发端便欲涕落，后段一气奔注，笔不得遏。廉颇自拟，慷慨壮怀，如闻其声。谓此词用人名多者，尚是不解词味。"（见《词洁》）这种见解也是有道理的。这首词作的艺术特色，正是用事巧妙，将咏史与写实融为一体，意象深淳。

前人评论，侧重"此阕悲壮苍凉，极咏古能事"（《左庵词话》）这个方面。殊不知作者在"悲壮苍凉"之中，还是充满自信的。所谓"咏古"，也不是单纯凭吊古人，而是借古喻今。

借古，作者都"借"了些什么"古"事呢？上阕"借"了两个古代的英雄人物的事迹。一是三国时候东吴的孙权，二是南北朝一代开国君主宋武帝刘裕。他们都曾在京口这个地方生活过。当年，不管孙权也罢，刘裕也罢，都曾凭借京口这个舞台，扮演过一出出"金戈铁马，气吞万里如虎"的壮剧。但是到如今，他们都成为过去了的历史人物了，千古江山，英雄无觅处了。一代风流，随着历史的风风雨雨的磨洗，永远消逝了。上阕的创作意图，说的是历史上的英雄，如今已不可追寻，言外之意似暗示，当今的时代应当有当今的英雄。

下阕说的是，在京口这个地方，历史舞台上的不完全是英勇豪雄的壮剧，也有一些失败的角色甚至有一些丑角登台表演过。作者指出，比如刘裕的儿子宋文帝刘义隆就是个孬种，他在元嘉二十七年举行的北伐战争，就大败而归。又如在43年前，金兵南下，京口对江的扬州地区烽火千里，当时的南宋政府也无可奈何。更令人不堪回首的是，北魏人打败了南朝刘宋之后，在江头修起了一座炫耀北魏人武功的佛狸祠，至今人们竟忘记了这段国耻，还在佛狸祠下打鼓祭神呢！下阕“借”的“古”事，都是一些有损民族精神的历史事件，写的是过去的“古”事，实际上也是在影射当今南宋的政治现实。

“凭谁问：廉颇老矣，尚能饭否。”这是一句警语，是爱国词人辛弃疾借古说今，议论了一番天下古今的形势之后，站出来以廉颇自诩，大声疾呼地向南宋政府请缨！

《永遇乐·京口北固亭怀古》的全篇含意，如果用现代语言来概括的话，那就是作者回顾了上下古今形势，评比了成功的和失败的许许多多历史人物与历史事件之后，最后的落脚点归结为，当代的事情应当有当代的英雄人物去解决。谁来承担时代赋予的历史重担呢？老英雄辛弃疾站出来说：恢复大业，我们来干！

这是一首政治倾向强烈的辞章。气势磅礴，感情激昂。

老词人一洗带湖和瓢泉时期那种苍凉沉郁的调子。这是辛弃疾到镇江府任职之后，被前线的斗争生活，特别是被当时在全国范围内日益高涨的抗战情绪所激发，从而创作出来的在思想上和艺术上都十分成功的一首杰作。《谭评词辨》在评论这首《永遇乐·京口北固亭怀古》时说得好："非稼轩之盛气，勿轻染指也。"如果没有辛弃疾的一片爱国赤诚，没有辛弃疾在镇江任职时期的一股"盛气"，像《永遇乐·京口北固亭怀古》这样的优秀作品，是难以创作成功的。

二十七、巨星陨落

辛弃疾在镇江担任守令期间，镇江城北的北固山，是他经常登临的地方。北固山上有一座亭阁，名北固楼，又名北固亭，传说是晋代守将蔡谟所建，后来又经过谢安重修。公元 544 年，南朝梁武帝大同十年，曾一度将此亭改名为北顾。顾名思义，自有远望北部河山之意。北固山，《读史方舆纪要》说它："下临长江，三面滨水，回岭斗绝，势最险固。"这样一处既有形势之险，又有不少历史遗迹的地方，自然深深吸引着满怀壮志的辛弃疾。辛弃疾在这个地方，给后人留下了两首怀古述志的著名辞章，一首是前述的《永遇乐·京口北固亭怀古》，另一首是《南乡子·登京口北固亭有怀》。这首《南乡子》的思想与艺术，是可以与《永遇乐》媲美的。辛弃疾写道：

何处望神州？满眼风光北固楼。千古兴亡多少事，悠悠，不尽长江滚滚流。

年少万兜鍪，坐断东南战未休。天下英雄谁敌手？曹刘。生子当如孙仲谋。

“不尽长江滚滚流。”是唐代诗人杜甫《登高》诗的名句。那是一个客居异乡的诗人，看到时节的更替，大江的流去，有感自我身世飘零的一种低沉的叹息。但是，这句诗到了词人辛弃疾的手上时，他便与恢复失地的宏大志愿联系在一起，同那眼前祖国南北分裂的形势，同那千古悠悠兴废的历史往事结合在一起。

“何处望神州？”入句便揭开了爱国词人的胸中郁积。当他登上北固亭的最高处，纵目眺望的时候，把他目中所睹的，心中所想的，一股脑儿像奔腾的江水那样，倾泻了出来。概括起来，那就是这样的一句话，祖国啊祖国，你在哪儿？辛弃疾是个文才卓绝的大词，但此时他却不借助雕饰的辞藻，只用了一句极其朴素的话，表达自己的心声，描述自己的胸怀。这样一句普通而又平凡的话，是爱国词人胸中千言万语的凝结，是词人自己奋斗一生的概括。

经过了几十年人世沧桑之后，爱国词人辛弃疾如今心里所企求的是什么？他借用曾经统率“兜鍪”千万，并以“坐断东南”奋战不息的三国时代的孙权，比拟自己。他此时虽说已经年迈，但他仍然一心向往历史上的那些有作为的英雄，以英雄的业绩鞭策自己。

然而，辛弃疾毕竟是一个年过花甲的老人了，有点儿心有余而力不足了，他也不能不意识到这个问题。所以，他又发出了末句"生子当如孙仲谋"的呼声。他认为，恢复故国的重担，不是一代人所能完成的，需要有后来者的不断努力奋斗。"生子当如孙仲谋"恐怕包含着这种期待吧！辛弃疾早年的词作，"且归来、谈笑护长江，波澄碧。"(《满江红·建康史帅致道席上赋》)曾把收复失地的大任寄托在同时代人的身上。如今辛弃疾自己以及他的同时代人，都已年迈了，所以，他的想法也就发生了变化。他呼唤孙仲谋式的一代新人走上历史舞台，接过恢复事业这面旗帜。

正当爱国词人辛弃疾在镇江任所运筹帷幄，在北固亭前遐想联翩的时候，南宋政府忽然发下诏令，将辛弃疾降职处分！由朝议大夫衔降为朝散大夫。这是为什么？据文献资料说是："以通直郎张谟不法，弃疾坐缪举之责也。"(据《宋会要》一三册《职官，黜降官十一》所载)缪举之责，就是举荐人物不当的责任，通直郎张谟出了问题，竟株连到了辛弃疾。其实，这是表面原因罢了，更深刻的政治原因，恐怕还是党争倾轧。这个处置，给年迈的，但依然雄心勃勃的辛弃疾，一个当头棒喝！

党争误国，给辛弃疾的心灵蒙上重重阴影。前途并不乐观，事业也并不乐观。这种曲折，在辛弃疾的作品里也留下了痕迹。他在《瑞鹧鸪·京口有怀山中故人》里写道：

暮年不赋短长词，和得渊明数首诗。君自不归归甚易，今犹未足足何时。

偷闲定向山中老，此意须教鹤辈知。闻道只今秋水上，故人曾榜《北山移》。

这首词作，作者又流露出黯然伤神的“思归”情怀了。“凭谁问：廉颇老矣，尚能饭否”那样的壮怀激烈，“年少万兜鍪，坐断东南战未休”那样的奋发勇进，竟一时消失了。我们可以看到当时政治风云的变幻是如何牵动着一个作家的心灵。“君自不归归甚易，今犹未足足何时。”这是回答友人讯问之词。旧日山中的朋友当有来信问辛弃疾：“你年纪这样老大了，怎么还不告老归来呢？你有什么欲望难道还得不到满足吗？”辛弃疾回答说：“告老归来本来是容易的事情，但是自己的欲望又不知何日才能得到满足。”辛弃疾的欲望当然还是那统一祖国的宏愿。只要一息尚存，他还是要力争实现的。

然而，辛弃疾对前途看得并不那么乐观了，“偷闲定向山中老，此意须教鹤辈知。”他又动了归隐的念头了。腐朽的南宋政权，得势的是一班苟且偷生的官僚政客，他们如何容得下以国家民族大业为重的爱国英雄辛弃疾？！辛弃疾遇到的是强大的朝廷势力，他的主观理想是无法实现的。“声名少日畏人知，老去行藏与愿违。”(《瑞鹧鸪·京口病中起登连沧观偶成》)。还是现实与理想的矛盾啊！

公元 1205 年，宋宁宗开禧元年，爱国词人辛弃疾的政治处境越来越不妙了。三月间，因为张谟的案子被牵连降职；六月间，便接到调任隆兴府的诏书，把辛弃疾从边防前哨镇江调到内地去。镇江的工作刚刚移交完毕，七月初朝廷又以“好色、贪财、淫刑、聚敛”的罪名，诏令罢免辛弃疾的官职。空怀抱负，壮志未酬的辛弃疾又遭受到了政治上的沉重打击。当他告别镇江治所的时候，他写了一首《生查子·题京口郡治尘表亭》：

悠悠万世功，矻矻当年苦。鱼自入深渊，人自居平土。

红日又西沉，白浪长东去。不是望金山，我自思量禹。

词人年纪大了，文字也越发平易简朴，没有任何雕饰。傍晚时分，词人踯躅江头，看到西沉的红日，东去的白浪，他想到了传说中的前哲大禹，是他改造了祖国的山河，“鱼自入深渊，人自居平土”，使我们的民族从洪荒时代的大灾难中获得拯救！是他带领人民，制服了水害，使人民生活得到安定。“不是望金山，我自思量禹。”长江上有一座山，古名浮玉，后来裴头陀开山得金，改名金山。这座金山，虽说引人遐想，但辛弃疾说他并不钦羡金山，遥望金山他怀念的却是大禹王造福人群的旷世劳绩。

1205年秋，罢了官的辛弃疾买棹回家了。这时，朝廷上主战舆论正在得势，韩侂胄为了巩固自己的权势地位，利用“恢复”之声，为自己一帮一伙的利益服务。南宋的当权者们鼓噪“恢复”，是真心还是假意呢？如果是真要“恢复”，那为什么主战派的宿将辛弃疾却被贬谪？这难道不是一种讽刺吗？辛弃疾的《瑞鹧鸪·乙丑奉祠归，舟次余干赋》，是描写当时他的那种复杂心理的。他写道：

江头日日打头风，憔悴归来邴曼容。郑贾正应求死鼠，叶公岂是好真龙。

孰居无事陪犀首，未办求封遇万松。却笑千年曹孟德，梦中相对也龙钟。

唐人元稹有句诗：“船怕打头风。”逆风行船，素为行旅所忌。辛弃疾首句写“江头日日打头风”，既是他归家途中行旅的写实，恐怕也有以生活比拟政治的意思。数十年来，辛弃疾宦途坎坷，大有“江头日日打头风”之感。作家选择生活素材，常常与其际遇、感情相关联的，所写细节也深印着主观的铭记。邴曼容其人是西汉时人，《汉书·两龚传》说他“养志自修，为官不肯过六百石，辄自免去”。邴曼容把宦情看得很薄。“憔悴归来邴曼容。”辛弃疾无疑是以邴曼容自况了。可惜“憔悴”二字，并未完全忘情。要是完全忘情，何“憔悴”之有？大抵那未忘情者，为"恢复"事业，事业未成，忧心不免忡忡，所以"憔悴"。说明辛弃疾的归去，是违背他的所愿的。而用语含蓄巧妙，一至于此，令人拍案。"郑贾正应求死鼠，"这是反语，也用得极妙。《战国策·秦策》云："郑人谓玉未理者璞，周人谓鼠未腊者朴。周人怀朴过郑贾，曰，'欲买朴乎？'曰，'欲之。'出其朴，乃鼠也，因谢不敢。"辛弃疾说，郑国的商人理应收下周人的朴（死鼠）嘛。这是讽刺南宋当权者对"恢复"的鼓噪，抨击他们不求实质而求其虚名，凡是附和其鼓噪者都认为是同志，动辄优礼有加。接下句"叶公岂是好真龙"，说那些把"恢复"事业挂在嘴边的人，不过是叶公好龙罢了。真龙到来了，他们就害了怕了！"却笑千年曹孟德，梦中相对也龙钟。"辛弃疾在此处联想到三国时的曹操。曹操建功立业，志气可谓不小。他曾写过，"老骥伏枥，志在千里"那样要求自己奋斗不息的诗句。曹孟德的运气很好，他能够挟天子以令诸侯，广大中原地区在他的掌握之中。而辛弃疾本人呢，志气也可谓不小，但他却是一个失意的将军、落魄的文人，当他想起曹孟德的千年往事时，自然哑然失笑了。他不能不感叹，纵然两人在梦里相逢，两人相似之点也只有一副龙钟老态了。文字看似寻常，但言外之意却沉痛至极！辛弃疾是个豪放派，豪情旷达，说话为文都毫不隐藏，但是他晚年的词作，却趋向于含蓄，字里行间若有说不尽的未了之情，让人去咀嚼。这是词人艺术上成熟的标志？还是政治上的复杂形势迫使他采取这种方式表达感情呢？

66岁的辛弃疾罢官回家了，这是他一生之中第三次被贬还乡。此时，他对南宋的腐败政治，已完全失去了信心。空有垂天壮志，而现实却容不得他有所作为，且又老境蹉跎，心力交瘁，他，又能说些什么？在《玉楼春·乙丑京口奉祠西归，将至仙人矶》这首词作里，他低吟道：

江头一带斜阳树，总是六朝人住处。悠悠兴废不关心，惟有沙洲双白鹭。

仙人矶下多风雨，好卸征帆留不住。直须抖擞尽尘埃，却趁新凉秋水去。

辛弃疾这次归家途中，看到了许许多多的往昔朝代兴废的陈迹，要是当年，走马过江，意气风发，必然触景兴怀，起码也会在那"落日楼头，断鸿声里"，挥洒一掬英雄泪的。如今，他竟是如此冷漠，仿佛像个毫无感情的木头人，对眼前的"悠悠兴废"，采取"不关心"的态度。词人的凌云壮志，经过这数十年的宦途驰驱，似乎消磨净尽。"直须抖擞尽尘埃，却趁新凉秋水去。"那所谓"尘埃"，大抵是指那尘世的底层吧，入"尘埃"而犹言"抖擞"，词人那痛苦的心情可谓到了极点。这是自嘲，也是控诉！这是对贤人不用，佞人当政的南宋朝廷的控诉。

在辛弃疾罢官归家的第二年，即公元 1206 年，宋宁宗开禧二年，南宋政府又戏剧性地发下诏书，要辛弃疾到绍兴任知府，兼两浙东路安抚使。这次，辛弃疾上表辞谢了。

接着，南宋政府又给辛弃疾加官晋爵，进宝文阁待制。不久，又进为龙图阁待制，差知江陵府，并令赴行在奏事。辛弃疾似乎又要时来运转了。但是，他对“叶公好龙”的南宋政府当权者，早已看透了，他不愿再去充当那走马灯似的过场人物，结果，他对所有的差遣都没有接受。

公元 1207 年，宋宁宗开禧三年，辛弃疾 68 岁，这是他生命的最后一年。南宋政府对多次封官差遣都辞谢的辛弃疾，似乎产生了空前的兴趣，授命他为兵部侍郎。这是辛弃疾一生中从没有担任过的最高职位，但他接到诏书后，还是连续两次上章恳辞。这么高的荣誉，这么高的职位，辛弃疾都没有稍稍动心。

南宋当权者接着又授予辛弃疾“龙图阁待制在京宫观”。按宋朝制度，凡食祠禄的人不须亲往供职，但是授予“在京宫观”，则必须到京城来，不许外居。这是南宋朝廷的恩赐，还是对多次授命而不就的辛弃疾施加的一种压力？使辛弃疾不能违反制度，必须进京供职。

这年的三月末，给予辛弃疾叙复朝请大夫，继又叙复朝议大夫，不久，又进为枢密都承旨，命令像雪片一样纷至沓来，催促辛弃疾到京赴任。枢密都承旨是中央军事机关枢密院的总务长，其地位仅次于枢密使和枢密副使。然而，这时的辛弃疾已身患重病，未等受命，就于九月初十日长辞人世了。

据清康熙《济南府志》卷三十五《人物志·稼轩小传》记载：辛弃疾临终时，“大呼杀贼数声而止。”辛弃疾一生，为南宋的“恢复大业”奔走数十年，志未遂而殁。古人有言，壮志未酬身先死，长使英雄泪满襟。辛弃疾的去世，对南宋的“恢复事业”是个大损失。

辛弃疾终年只不过68岁，还不能说是以终天年。比辛弃疾年长15岁的诗人陆游，在辛弃疾去世后，写了一首《寄赵昌甫诗》，其中有句：“君看幼安气如虎，一病遽已归荒圩。”词人刘过在他的《呈稼轩》诗里也写道：“精神此老健于虎，红颊白须双眼青。”从这些记载看来，辛弃疾的身体素质是很好的。带湖“闲居”十年，对他是个沉重的打击，但当时他的思想与身体都没有被摧垮。瓢泉罢官八年，家中还经历了一场火灾，而他也不介怀，“恢复大业”仍在鼓舞着他，他对朝廷还寄予期望。晚年出知镇江，当时朝野的抗战气氛又见发展，正是需要他施展抱负的时机，然而，朝廷的政敌们却又给他罗织罪名，昏庸无能的宁宗皇帝再次诏令他罢官归田，至此，辛弃疾的平生理想，宣告完全破灭。忧愤抑郁，折磨着这位老人,他的精神支柱垮了,身体也随着垮了。尽管他有“健于虎”的身体素质,又怎能经得住内忧外困呢!辛弃疾起病只有个把月,就一病不起了!

南宋时代一位著名的爱国英雄死了,中国词坛的一颗巨星陨落了!

结 束 语

辛弃疾辞世后120年，元代词人张埜，曾来到江西铅山，祭扫辛弃疾墓，并且写下一首词《水龙吟·酹辛稼轩墓》。他是这样写的：

岭头一片青山，可能埋没凌云气？遐方异域，当年滴尽，英雄清泪。星斗撑肠，云烟盈纸，纵横游戏。谩人间留得，阳春白雪，千载下，无人继。

不见戟门华第，见萧萧竹枯松悴。问谁料理，带湖烟景，瓢泉风味。万里中原，不堪回首，人生如寄。且临风高唱，逍遥旧曲，为先生醉。

在蒙古贵族统治下忍辱偷生的这位元代作家张埜，认为南宋“恢复事业”的彻底失败，民族陷入危亡的绝境。他不辞赣东北山地跋涉的辛劳，来到爱国词人辛弃疾长眠的地方，祭扫英雄之墓。他在这首吊古辞章里，对辛弃疾的生平业绩，给予了高度的赞赏和评价，在九泉之下的爱国词人辛弃疾，是当之而无愧的。

辛弃疾名垂青史，他首先是一个爱国者。他少年时代，成长于金人的统治之下，激于国家的危亡，民族的苦难，投笔从戎，毅然加入农民起义军，然后率部归南宋，为实现国家统一，奔走呼号近五十年，“遐方异域，当年滴尽，英雄清泪。”不管是处于如何艰险恶劣的环境，他从未屈服过，从未忘怀国家和民族的苦难。司马迁赞美爱国诗人屈原时说过，“推此志也，虽与日月争光可也。”这句话，完全可以移赠辛弃疾！

然而，辛弃疾同时又以他的“悲壮激烈”“龙腾虎掷”的卓越词章，垂荫于后世。辛弃疾的爱国主义思想，“风节建竖”，使他的作品具有很高的思想价值。他纵横驰骋，“不主故常”的艺术风格，又使他给后人留下的艺术遗产永远熠熠生辉，成为我们民族的瑰宝！《稼轩长短句》四卷，无论思想价值或艺术价值，都是我国古典诗歌中出类拔萃的，是我国诗歌发展史上的一个重要的里程碑！

“岭头一片青山，可能埋没凌云气？”青山有幸埋忠骨，为了拯救国家和人民于水深火热之中，辛弃疾把自己的骨殖长埋于“遐方异域”的土地上，他那凌云气概，爱国风标，当然，“岭头一片青山”不可能将其埋没。但是，永远使人愤恨不平的，是词人在世的时候，是那样的一个奋发有为的英雄人物，那样杰出的才华，超人的禀赋，报国的雄心，却被那“带湖烟景，瓢泉风味”所埋没了！就像那山林里，可以作为栋梁之材的一株参天大树，得不到时代和社会所用，默默无闻地销毁于草莽之中！

据邓广铭所著《辛稼轩年谱》论定，公元1208年，宋宁宗嘉定元年，即辛弃疾卒后一年，“摄给事中倪思劾稼轩迎合开边，请追削爵秩，夺从官恤典”。邓广铭认为：“在倪氏论列之后，是否果从其所请，《墓志》（指《鹤山先生大全集·显谟阁学士特赠光禄大夫倪公墓志铭》）中未曾言及，但据下列辩谤一事测之（指嘉定年间，辛弃疾第五子辛秬为文辩谤，载李刘《梅亭四六标准卷三十八，代回辛宣教秬辨谤》），盖已悉如所请矣。”

倪思上疏弹劾辛弃疾迎合开边事件，发生在公元1208年，是韩侂胄草率举兵北伐惨败，韩侂胄本人被杀，议和派又卷土重来的时候。辛弃疾在世时，同韩侂胄极少有瓜葛，而韩侂胄兵败，辛弃疾那时已经去世了，还受到株连，“追削爵秩，夺从官恤典”这是一宗冤案。

其实，辛弃疾身后，又何止“追削爵秩，夺从官恤典”就罢了呢。据现在落籍江西铅山的辛氏后人回忆，他们宗族传世的《铅山辛氏家谱》记载，辛氏当时是遭到南宋政府封门抄家的，辛氏后人因罹此“家难”，星散逃亡，其中有一支辛氏后人不得不改姓辜，以逃过官府的追缉。至今仍存留的，清乾隆癸卯(公元 1783 年)重立的“显故考辛公稼轩府君之墓”的墓碑，就有“二十五代玄玄孙辜染同立”的刻文，可资佐证。铅山辛氏后人至今仍有“辛、辜不通婚”的俗例，认为辛姓与辜姓，都是辛弃疾的后代。

倪思在辛弃疾身后，弹劾忠良，此案在辛弃疾卒后 68 年，即公元 1275 年，宋恭帝德祐元年，经当时的史馆校勘谢枋得请于朝，才得到彻底平反，给辛弃疾追赠少师，谥忠敏。然而，这时的南宋国运，已岌岌可危，此后 4 年即被元朝所灭。疾风知劲草，国难识忠臣，一点也不假。

辛弃疾的墓地，在今江西铅山永平乡鼓楼门彭家湾颜家垅。墓地前，是一片碧绿的稻田，远望可见云遮雾掩的武夷山脉；墓地背后，是丛丛山岭，苍松翠竹，郁郁葱葱。据当地上年纪的老人说，在几十年前，辛弃疾墓前还竖有“神道”牌坊，现在已经没有了。墓前不远处有一空旷荒坡，现在还能拣到废砖残瓦，据说从前是一座庙宇，大抵就是当年那位史馆校勘谢枋得“秉烛作文”住过的“墓傍僧舍”吧。

从颜家垅翻过一道山梁，便是辛弃疾的瓢泉旧苑，如今成为铅山县八都乡西洋大队的横坂村了。横坂村又名花园垅，是瓢泉花园的意思。据当地居民说，如今花园垅的吴氏祠堂，是原来的辛氏旧居，堂前有低洼的稻田一方，即旧居的新开池。旧居遗址，几经变易，旧貌已不可追寻。然而，唯独瓢泉无恙。距吴氏祠堂约半里许，平地上有一拳形巨石，卧伏于山脚的苍藤翠葛之下，巨石中有凹陷如瓢状的泉眼，一股晶莹清净的泉水从其上缓缓流出。据说，当年瓢泉之上山石间还有一飞泉如小瀑布，可惜此泉流今已涸竭。

站在瓢泉石上，远望可见一片河滩。人们说，此乃期思渡也，即当年陈亮跃马来访之处。然而，河水已改道了。千载过后，江山有时而改，而爱国词人辛弃疾给我们留下的爱国主义精神及其灿烂辞章，已经成为我们祖国和民族的极其宝贵的精神财富了，这些精神财富将万古长青。